0.1.2歳児 発達をおさえた運動あそび

経験してほしい 粗大運動・微細運動

山本秀人・編著

Gakken

はじめに

子どもの発達を支える環境を考えよう

　園のホールで子どもが、両サイドの巧技台に設置された平均台の下を腹ばいでくぐろうとするのですが、おでこを平均台にコツンとぶつけてしまい、うまくくぐることができません。その平均台の先には、保育者が腹ばいの姿勢になり、「〜ちゃん、くぐっておいで」と声かけをしています。なぜこの子どもは、うまくくぐることができないのでしょうか？

　腹ばいの姿勢で平均台にぶつからずに前進してくぐるためには、床から平均台までの空間の距離を予測・判断し、その空間の距離に応じて姿勢を変化（腹ばいになって頭を下げる）させる必要があります。この子どもは、その空間の距離の予測・判断と、その予測・判断に応じて平均台にぶつからないように姿勢を変化させることの間に誤差が生じているのです。

　また、水を入れたペットボトル2本にゴムひもの両端を結び付け、床から5〜10cmくらいの高さのゴムひもを「またいでよいしょ」という保育者の声かけに合わせて上手にまたいでいる子どもがいます。この子どもは、床からゴムひもまでの高さに応じて、またぐために必要な片足立ちからのもう片方の足をどの程度上にあげ、さらに片足から片足への体重の移動の仕方がわかり、保育者の声かけに応じて動いているのです。

これらのことから、何かの動きを子どもが「できる」ようになるためには、何かが「わかる」必要があり、そしてわかるためには「ことば」の発達が関係してくることがわかります。「できる」と「わかる」と「ことば」は決してバラバラに発達していくのではなく、「できる」「わかる」「ことば」それぞれが相互に影響しあいながら発達していくのです。

　本書は、以上のような運動発達・認識発達・「ことば」の発達の関係性を踏まえつつ、０．１．２歳児の発達をおさえた運動あそびについて、子どもたちにぜひとも経験してほしいものとして粗大運動・微細運動別にまとめました。「あそび方」や「やり方」ではなく、子どもの発達をおさえたうえで、子どもの「しようとする」姿や「〜したい」という思いを捉えながら環境を整えていくことに重きをおいています。

　子どもの発達は、自然に生まれてくるのではなく、人や物という環境との豊かな相互交流によって可能となるのです。

　本書が、保育現場で働いている皆さん、保育者を目ざしている学生の皆さん、子育て真っ最中のお父さんやお母さん、そして何よりも今まさに発達しようとしている子どもたちに笑顔がもたらされることを願ってやみません。

2018年2月　　　　　　　　　　　　　　　　　　山本秀人

Guide

この本の使い方

本書は、「運動にまつわる発達の仕組み」（とじ込み）、「子どもの姿とあそびの早わかり一覧」、「粗大運動」、「微細運動」の4つの大きな柱で構成されています。それぞれの内容の見方、使い方をご案内します。

運動にまつわる発達の仕組み（とじ込み）

子どもの成長には、いくつもの機能の発達が関連し合っています。そこで、運動機能の発達と関係の深い「認識」「ことば」の発達を総合的に捉えられるように、大まかな仕組みの図を作りました。

| 表面 | 0歳児期に見られる主な姿です。0歳前半頃から1歳後半頃までをピックアップしています。 | 裏面 | 1、2歳児期に見られる主な姿です。1歳前半頃から3歳代までをピックアップしています。 |

子どもの姿とあそびの早わかり一覧の見方（P.6〜13）

とじ込み「運動にまつわる発達の仕組み」で取り上げた姿から、さらに代表的な運動機能に関する姿を抜き出し、それぞれの子どもの姿（子どもの願い）にこたえるあそびをひと目でわかるようにまとめました。

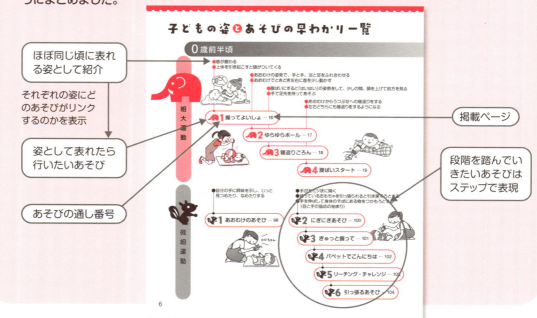

- ほぼ同じ頃に表れる姿として紹介
- それぞれの姿にどのあそびがリンクするのかを表示
- 姿として表れたら行いたいあそび
- あそびの通し番号
- 掲載ページ
- 段階を踏んでいきたいあそびはステップで表現

「粗大運動」「微細運動」の本文の見方 (P.16〜125)

「粗大運動」「微細運動」で紹介しているあそびの中の主な項目について紹介します。

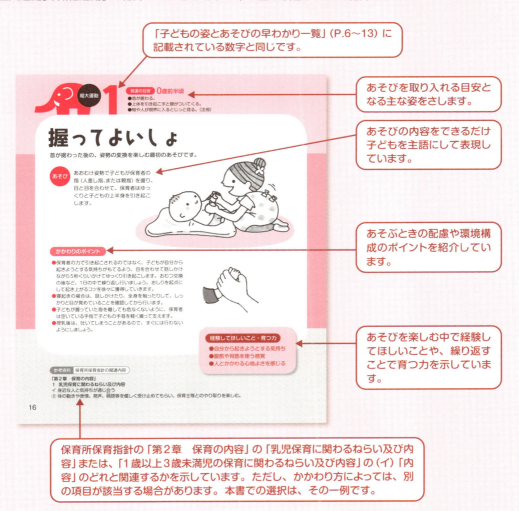

「子どもの姿とあそびの早わかり一覧」(P.6〜13) に記載されている数字と同じです。

あそびを取り入れる目安となる主な姿をさします。

あそびの内容をできるだけ子どもを主語にして表現しています。

あそぶときの配慮や環境構成のポイントを紹介しています。

あそびを楽しむ中で経験してほしいことや、繰り返すことで育つ力を示しています。

保育所保育指針の「第2章　保育の内容」の「乳児保育に関わるねらい及び内容」または、「1歳以上3歳未満児の保育に関わるねらい及び内容」の(イ)「内容」のどれと関連するかを示しています。ただし、かかわり方によっては、別の項目が該当する場合があります。本書での選択は、その一例です。

子どもの姿とあそびの早わかり一覧

0歳前半頃

粗大運動

- 首が据わる
- 上体を引き起こすと頭がついてくる
- あおむけの姿勢で、手と手、足と足をふれ合わせる
- あおむけでときどき左右に首を少し動かす
- 腹ばいにすると「はいはい」の姿勢をして、少しの間、頭を上げて前方を見る
- 手で足先を持ってあそぶ
- あおむけからうつぶせへの寝返りをする
- 左右どちらにも寝返りをするようになる

1 握ってよいしょ … 16
2 ゆらゆらボール … 17
3 寝返りごろん … 18
4 腹ばいスタート … 19

微細運動

- 自分の手に興味を示し、じっと見つめたり、なめたりする
- 手がモミジ状に開く
- 持っているおもちゃを引っ張られると引き戻そうとする
- 手を伸ばして身体のそばにある物をつかもうとする（目と手の協応の始まり）

1 あおむけのあそび … 98
2 にぎにぎあそび … 100
3 ぎゅっと握って … 101
4 パペットでこんにちは … 102
5 リーチング・チャレンジ … 103
6 引っ張るあそび … 104

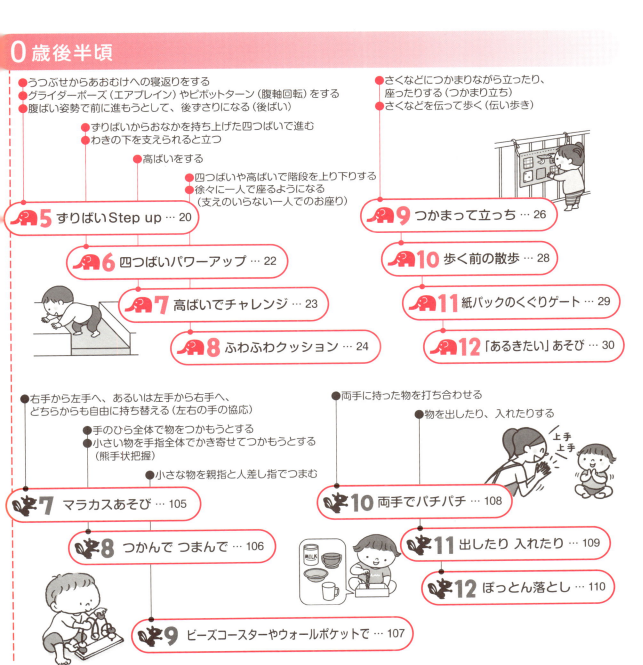

1歳前半頃

粗大運動

- 一人で立つ
- 一人で歩く
  （ハイガード歩行→ミドルガード歩行）
- 段ボール箱や乗用玩具を押して歩く
- 方向転換が難しく、まっすぐ進む
- 両手を下ろして歩く（ローガード歩行）
- 物を持って歩く
- 靴を履いて歩く

13 たっち たっち … 31

14 イチニイチニ … 32

15 ここまでおいで … 33

16 待て待てボール … 34

17 あっちこっち歩き … 35

18 お出掛けあそび … 36

19 ふかふか歩き … 38

微細運動

- 手を左右に動かしたり、上下に動かしたりして描く
- 積み木をつむ
- つまんだ物を小さな穴に入れる

13 描画あそび … 111

14 積んで並べて … 112

15 穴落とし … 113

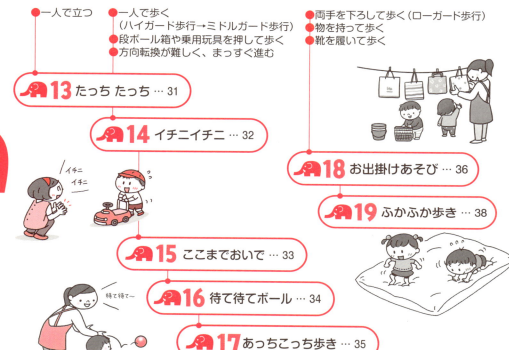

1歳後半頃

- 安定した姿勢で歩く
- 歩く向きを変えたり、戻ってきたりする
- 立ったり、しゃがんだりする
- 小走りで移動する

- 両足はそろわないが、15cm程度の高さから跳び下りる
- すべり台を前向きに滑る
- 基本体位（横たわる・座位・立位）をとり、その体位への変換を自在に行う

- 乗用玩具にまたがり、前に進もうとする

- 20 一緒にお散歩 … 40
- 21 かくれあそび … 41
- 22 ボール追いかけあそび … 42
- 23 またいでよいしょ … 44
- 24 引っ張ってよいしょ … 45
- 25 待て待てあそび … 46
- 26 一緒に「ヤッホー」 … 47
- 27 ひざ曲げジャンプ … 48
- 28 飛行機ジャンプ … 49
- 29 トントンジャンプ … 50
- 30 くぐって渡ってGO！ … 51
- 31 おもしろマット階段 … 52
- 32 工事ごっこ … 54
- 33 車でGO！ … 55

- びんのふたを開ける
- コップや皿に入れた物を別の容器に移し替える

- 16 ビリビリ新聞紙 … 114
- 17 回してOpen！ … 115
- 18 すくってあそぼ … 116

2歳代

粗大運動

- ●転ばないで歩く
- ●横歩きや後ろ歩きをする

🐘 **34** はしご渡り … 56
🐘 **35** 紙パックの平均台渡り … 58
🐘 **36** プレ・ジャンプ … 59
🐘 **37** にょろにょろヘビ … 60
🐘 **38** 階段いち、に … 61

- ●両足を交互に踏み出して階段を上る
- ●走る

🐘 **39** 追いかけっこ … 62
🐘 **40** ころころぽーん！ … 63
🐘 **41** リズム・ランニング … 64
🐘 **42** ビームを渡ろう … 66

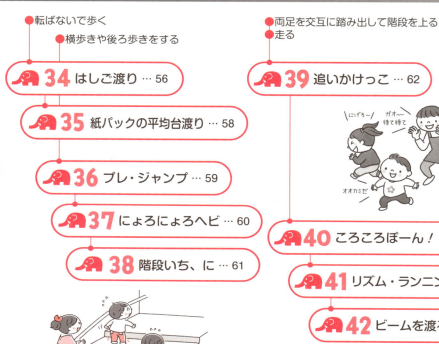

微細運動

- ●胸の前のボタンを一人で外したり、はめたりする

🐿 **19** 洗濯ばさみのあそび … 118
🐿 **20** ひも通し … 119

- つま先立ちになる。片足で立つ
  20cm程度の高さなら両足をそろえて跳び下りる
- 乗用玩具にまたがり、足を前後に動かして移動する
  地面に手をつけて片足を上げたり、またのぞきをしたりする
- ボディーイメージが高まり、身体の動きを
  コントロールしようとする
- ボールを投げたり、けったりする

43 一緒にジャンプ！ … 68

48 紙パックの車あそび … 73

44 「なこうか とぼうか」 … 69

49 出発進行！ … 74

45 ボールでバウンド … 70

50 ボールあそび3つ … 76

46 「いもむし ごろごろ」 … 71

47 動物まねっこ … 72

- 粘土をねじったり、引っ張ったりする
- はさみを使って紙を切る

21 ぎゅっぎゅっぺったんこ … 120

22 はさみでクッキングあそび … 122

3歳代

粗大運動

- 「〜しながら○○する」動きに挑戦し、3歳半以降で「〜しながら○○する」動きが可能になる
- 両足で連続して跳ぶ
- その場で片足跳びをする
- 抵抗のある場所を、バランスをとりながら歩くことを好む

- 51 ジャンプ＆タッチ … 78
- 52 丸太の跳び越し … 79
- 53 ジャンプ＆ジャンプ … 80
- 54 けんけんジャンプ … 82
- 55 空き缶の缶ポックリ … 84

微細運動

- はしを使いはじめる
- 左右の手を交互に閉じたり開いたりする
- はさみの連続切りをする

- 23 粘土あそび … 123

- 24 積み木をつむ … 124

- 支えなしで足を交互に出して階段を上り下りする
- 抵抗を押し切って歩き続けようとする
- 相手の動きや空間に合わせて、身体の動きを制御する
- 三輪車のペダルを踏んで動かす

56 一緒に走ろう … 85
57 遠足ごっこ … 86
58 かいじゅうをやっつけろ … 87
59 サーキットあそび … 88
60 ジャングルジム探検隊 … 90
61 的投げ … 91
62 イモ掘りごっこ … 92
63 おうちあそび … 93
64 三輪車に乗って … 94
65 新聞紙のボール運び … 96

- 利き手がほぼ定まってくる

25 シールあそび … 125

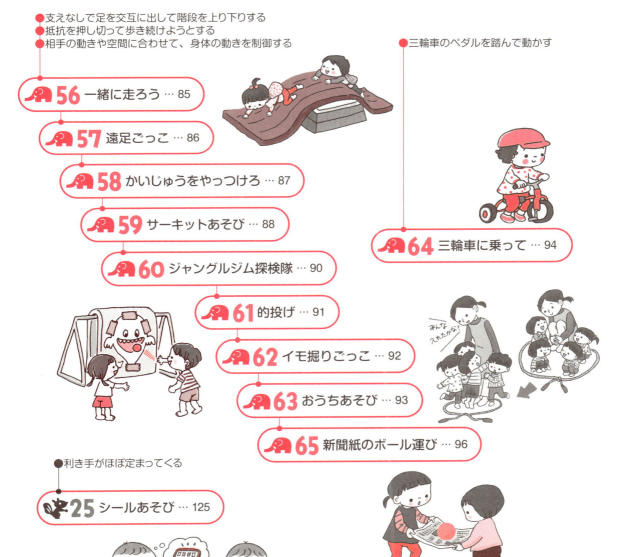

もくじ

- はじめに … 2
- この本の使い方 … 4
- 子どもの姿とあそびの早わかり一覧 … 6

この本は『あそびと環境0.1.2歳』2012～2016年度までの記事に加筆・再構成したものです。

 粗大運動 … 15

0歳前半頃
1 握ってよいしょ … 16
2 ゆらゆらボール … 17
3 寝返りごろん … 18
4 腹ばいスタート … 19

0歳後半頃
5 ずりばい Step up … 20
6 四つばいパワーアップ … 22
7 高ばいでチャレンジ … 23
8 ふわふわクッション … 24
9 つかまって立っち … 26
10 歩く前の散歩 … 28
11 紙パックのくぐりゲート … 29
12 「あるきたい」あそび … 30

1歳前半頃
13 たっち たっち … 31
14 イチニ イチニ … 32
15 ここまでおいで … 33
16 待て待てボール … 34
17 あっちこっち歩き … 35
18 お出掛けあそび … 36
19 ふかふか歩き … 38
    ＜column・歩く＞… 39

1歳後半頃
20 一緒にお散歩 … 40
21 かくれあそび … 41
22 ボール追いかけあそび … 42
    ＜column・ボール＞… 43
23 またいでよいしょ … 44
24 引っ張ってよいしょ … 45
25 待て待てあそび … 46
26 一緒に「ヤッホー」 … 47
27 ひざ曲げジャンプ … 48
28 飛行機ジャンプ … 49
29 トントンジャンプ … 50
30 くぐって渡ってGO！ … 51
31 おもしろマット階段 … 52
32 工事ごっこ … 54
33 車でGO！ … 55

2歳代
34 はしご渡り … 56
35 紙パックの平均台渡り … 58
36 プレ・ジャンプ … 59
37 にょろにょろヘビ … 60
38 階段いち、に … 61
39 追いかけっこ … 62
40 ころころぽーん！ … 63
41 リズム・ランニング … 64
    ＜column・走る＞… 65
42 ビームを渡ろう … 66
43 一緒にジャンプ！ … 68
44 「なこうか とぼうか」 … 69
45 ボールでバウンド … 70
46 「いもむし ごろごろ」 … 71
47 動物まねっこ … 72
48 紙パックの車あそび … 73
49 出発進行！ … 74
50 ボールあそび3つ … 76

3歳代
51 ジャンプ＆タッチ … 78
52 丸太の跳び越し … 79
53 ジャンプ＆ジャンプ … 80
54 けんけんジャンプ … 82
    ＜column・跳ぶ＞… 83
55 空き缶の缶ポックリ … 84
56 一緒に走ろう … 85
57 遠足ごっこ … 86
58 かいじゅうをやっつけろ … 87
59 サーキットあそび … 88
60 ジャングルジム探検隊 … 90
61 的投げ … 91
62 イモ掘りごっこ … 92
63 おうちあそび … 93
64 三輪車に乗って … 94
65 新聞紙のボール運び … 96

 微細運動 … 97

0歳前半頃
1 あおむけのあそび … 98
2 にぎにぎあそび … 100
3 ぎゅっと握って … 101
4 パペットでこんにちは … 102
5 リーチング・チャレンジ … 103
6 引っ張るあそび … 104

0歳後半頃
7 マラカスあそび … 105
8 つかんで つまんで … 106
9 ビーズコースターや
    ウォールポケットで … 107
10 両手でパチパチ … 108
11 出したり 入れたり … 109
12 ぽっとん落とし … 110

1歳前半頃
13 描画あそび … 111
14 積んで並べて … 112
15 穴落とし … 113

1歳後半頃
16 ビリビリ新聞紙 … 114
17 回してOpen！ … 115
18 すくってあそぼ … 116
    ＜column・手指＞… 117

2歳代
19 洗濯ばさみのあそび … 118
20 ひも通し … 119
21 ぎゅっぎゅっぺったんこ … 120
22 はさみでクッキングあそび … 122

3歳代
23 粘土あそび … 123
24 積み木をつむ … 124
25 シールあそび … 125

- おわりに … 126

粗大運動

「粗大運動」とは、「首が据わる」「寝返りをする」「座る」「はいはいをする」「立つ」「歩く」「走る」「跳ぶ」など、全身を使って大きく動く運動をさします。0歳から3歳代までの運動機能の発達に沿った活動を紹介します。

粗大運動

発達の目安 **0歳前半頃**
- 首が据わる。
- 上体を引き起こすと頭がついてくる。
- 物や人が視界に入るとじっと見る。（注視）

握ってよいしょ

首が据わった後の、姿勢の変換を楽しむ最初のあそびです。

あそび あおむけ姿勢で子どもが保育者の指（人差し指、または親指）を握り、目と目を合わせて、保育者はゆっくりと子どもの上半身を引き起こします。

かかわりのポイント

- 保育者の力で引き起こされるのではなく、子どもが自分から起きようとする気持ちがもてるよう、目を合わせて話しかけながら5秒くらいかけてゆっくり引き起こします。おむつ交換の後など、1日の中で繰り返し行いましょう。おしりを起点にして起き上がるコツを徐々に獲得していきます。
- 寝起きの場合は、話しかけたり、全身を触ったりして、しっかりと目が覚めていることを確認してから行います。
- 子どもが握っていた指を離しても危なくないように、保育者は空いている手指で子どもの手首を軽く握って支えます。
- 授乳後は、吐いてしまうことがあるので、すぐには行わないようにしましょう。

経験してほしいこと・育つ力
- 自分から起きようとする気持ち
- 腹筋や背筋を使う感覚
- 人とかかわる心地よさを感じる

参考資料 保育所保育指針の関連内容

「第2章　保育の内容」
1　乳児保育に関わるねらい及び内容
イ　身近な人と気持ちが通じ合う
② 体の動きや表情、発声、喃語等を優しく受け止めてもらい、保育士等とのやり取りを楽しむ。

粗大運動

2

発達の目安　**0歳前半頃**
●あおむけの姿勢で、手と手、足と足をふれ合わせる。
●あおむけでときどき左右に首を少し動かす。
●首が据わると動く物を目で追いかける。（追視）

ゆらゆらボール

寝返り前でも、ボールの感触を楽しめるあそびです。

あそび　子どものおなかの真上あたりでビーチボールにひもを付けてつり下げます。子どもが両手、両足でつかまるようにビーチボールを挟んだら、保育者が少し左右に揺らします。

かかわりのポイント

●ビーチボールは、つかみやすいように少し空気を抜いた状態のボールを使いましょう。
●身体全体で揺れる楽しさを感じられるように、子どもの様子を見ながら揺らします。
●「ゆらゆら」「ゴロン」と動きに合わせて声をかけて、動きと言葉を一致させます。
●保育者の応答的なかかわりに安心し、心を通わせてあそぶ楽しさを感じることが、主体的に物（ボール）とかかわる意欲を育てます。子どもの声にこたえたり、楽しい表情を見せたりして、ゆったりとかかわりましょう。

経験してほしいこと・育つ力
●ボールの感触を楽しむ
●揺れる感覚を楽しむ
●保育者とかかわる心地よさを感じる

参考資料　保育所保育指針の関連内容

「第2章　保育の内容」
1　乳児保育に関わるねらい及び内容
イ　身近な人と気持ちが通じ合う
② 体の動きや表情、発声、喃語等を優しく受け止めてもらい、保育士等とのやり取りを楽しむ。
ウ　身近なものと関わり感性が育つ
① 身近な生活用具、玩具や絵本などが用意された中で、身の回りのものに対する興味や好奇心をもつ。

| 粗大運動 | 3 |

発達の目安　**0歳前半頃**
- 腹ばいにすると「はいはい」の姿勢をして、少しの間、頭を上げて前方を見る。
- 手で足先を持ってあそぶ。
- 首が据わると動く物を目で追いかける。（追視）

寝返りごろん

子どもにとって、寝返りは見える世界が大きく変わる画期的な動きです。

あそび
身体をねじるような素振りをしている子に、その方向の斜め上あたりでおもちゃを見せたり、話しかけたりします。

かかわりのポイント
- 回転を促す際、上になる足の太ももからひざも交差するように援助しますが、保育者がリードしすぎないように気をつけましょう。

- 腰が横向きになる位置まで支えても、反動で戻ってくる場合は無理をせず、やめておきます。
- 寝返りの際、下になった腕を子どもが自分で抜けるか、見守り、待ちます。嫌がっているようなら、姿勢をあおむけに戻します。
- 身体の動きが制限されないように、上下が分かれている服を着せ、薄着にしましょう。

経験してほしいこと・育つ力
- あおむけの姿勢からうつぶせ姿勢に回転する動き
- 視界の変化を感じる

参考資料　保育所保育指針の関連内容
「第2章　保育の内容」
1　乳児保育に関わるねらい及び内容
ア　健やかに伸び伸びと育つ
②　一人一人の発育に応じて、はう、立つ、歩くなど、十分に体を動かす。
イ　身近な人と気持ちが通じ合う
①　子どもからの働きかけを踏まえた、応答的な触れ合いや言葉がけによって、欲求が満たされ、安定感をもって過ごす。

| 粗大運動 | **4** |

発達の目安 **0歳前半頃**
- あおむけからうつぶせへの寝返りをする。
- 左右どちらにも寝返りをするようになる。
- 手がモミジ状に開く。
- 身近な人の顔がわかりはじめる。

腹ばいスタート

顔を上げて腹ばい姿勢を保つあそびです。
はいはいの獲得につながっていきます。

あそび　ロールクッションを子どもの胸の下に置いたり、大きめのクッションを子どもの足元に置いたりして、正面から働きかけます。

かかわりのポイント

- 胸の下のクッションは、腹ばい姿勢を長く保つ補助の役割をします。子どもの体格や姿勢に応じて、クッションの高さを調節しましょう。
- 大きめのクッションを足元に置いておくと、足を突っ張るときの支えになり、また、足裏の刺激にもなります。
- 腹ばいを嫌がる子は、保育者の胸の上で腹ばいにさせ、子どもの前腕を支え上げる援助を繰り返してみましょう。次第に子ども自身が頭や背中を持ち上げようとします。

経験してほしいこと・育つ力
- 背筋や首の筋肉を強くする
- 物を見る力や姿勢を維持しようとする反応（姿勢保持反応）
- 保育者への親しみやかかわりの楽しさを感じる

参考資料　保育所保育指針の関連内容

「第2章　保育の内容」
1　乳児保育に関わるねらい及び内容
ア　健やかに伸び伸びと育つ
② 一人一人の発育に応じて、はう、立つ、歩くなど、十分に体を動かす。
イ　身近な人と気持ちが通じ合う
② 体の動きや表情、発声、喃語等を優しく受け止めてもらい、保育士等とのやり取りを楽しむ。

粗大運動 5

発達の目安　**0歳後半頃**

- うつぶせからあおむけへの寝返りをする。
- グライダーポーズ（エアプレイン）やピボットターン（腹軸回転）をする。
- 腹ばい姿勢で前に進もうとして、後ずさりになる。（後ばい）
- 小さい物を手指全体でかき寄せてつかもうとする。（熊手状把握）
- 喃語が活発になる。

ずりばい Step up

行きたい所へ自分で進むずりばいの、きっかけ作りから四つばいにつながるあそびです。

あそび A 手のひらを広げて、足の指に力を入れ、ひざを曲げて伸ばすと前進する体験を積み重ねます。手のひらと手指が広げられるように、触りたくなるようなおもちゃで誘いましょう。

ころころ

あそび B ずりばいに慣れてきたら、少し高めのロールクッションを乗り越え、おもちゃを取りにいきます。

参考資料　保育所保育指針の関連内容

「第2章　保育の内容」
1　乳児保育に関わるねらい及び内容
ア　健やかに伸び伸びと育つ
②　一人一人の発育に応じて、はう、立つ、歩くなど、十分に体を動かす。
イ　身近な人と気持ちが通じ合う
⑤　温かく、受容的な関わりを通じて、自分を肯定する気持ちが芽生える。

かかわりのポイント

- ずりばいの最初は、突っ張る腕の力のほうが強いため、前に進みたいのに、後ろへ下がる後ばいになります。子どもの動きに合わせて、保育者が足の裏に手のひらを当て、足の親指で床をける感じや、ひざを使う感じがわかるように援助しましょう。

- 足の親指を立てて床をけり、手のひらと手指を広げて床につけるように、発達に応じた抵抗を作り、質の高い四つばいを促せるよう配慮します。斜面板の裏の凸凹や、マットの山もおすすめです。
- 「欲しい」「行きたい」という思いが充実するように、応答的なかかわりや言葉かけを大事にして、自分から身体を動かそうとする意欲をはぐくみましょう。
- はいはいの活動と並行して、握りやすい積み木やボールで手のひらの開閉を促すあそびも取り入れるといいでしょう。

マットの山
畳んだマットや巧技台の1段分を土台にして、上からマットをかぶせて作る。保育者は子どもの正面から働きかける。一人一人の育ちに合わせて、高さの違う山を用意したい。

経験してほしいこと・育つ力

- 欲しい物を自分で取った達成感
- 自分から動こうとする意欲
- 親しみを感じる保育者とやり取りする楽しさ

粗大運動 6

発達の目安 0歳後半頃
- ずりばいからおなかを持ち上げた四つばいで進む。
- わきの下を支えられると立つ。
- 見慣れた物と、それを指す言葉がわかりはじめる。
- 「いない いない ばあ」などと大人が声をかけると、声の調子をまねる。

四つばいパワーアップ

いろいろな四つばいのあそびを通して、さまざまな動きを楽しみます。

あそび A 保育者に「待て待て」と追いかけられたり、転がるボールを追いかけたり、四つばいでの「待て待てあそび」を楽しみます。子どもをつかまえた後に「つかまえた！」と言って、ぎゅっとだっこをすると、あそびにめりはりが出ます。

あそび B ついたてや大きな段ボール箱などに隠れた保育者を見つける、かくれんぼあそびです。すっかり隠れてしまうと、興味をなくすので、「いない いない ばあ」と顔をのぞかせて子どもを誘います。

かかわりのポイント
- 足の指先を丸めて、足裏を使わずにはいはいをする子には、指先を立てて足裏を支えながらはいはいできるように、足のマッサージを行うとよいです。
- 手の指を丸めた状態ではいはいをしている子には、手指を使うあそびや、抵抗のある場所を乗り越えるあそびを取り入れるといいでしょう。

足のマッサージ例
あおむけにした子どもの足をつかんで、保育者の親指の腹で、子どもの足の指先のほうから足首に向かってさするように軽くもんでいく。足首まできたら、くるぶしの周りを軽くもむ。これを、足を替えて同じように行う。

経験してほしいこと・育つ力
- 片手片足を交互に出す四つばいでの移動に伴う平衡感覚
- 自力で移動する楽しさ
- 手指をしっかり開き、腕で上体を支える力

参考資料 保育所保育指針の関連内容
「第2章　保育の内容」
1　乳児保育に関わるねらい及び内容
ア　健やかに伸び伸びと育つ
② 一人一人の発育に応じて、はう、立つ、歩くなど、十分に体を動かす。
イ　身近な人と気持ちが通じ合う
③ 生活や遊びの中で、自分の身近な人の存在に気付き、親しみの気持ちを表す。

粗大運動

7

発達の目安 **0歳後半頃**
- 高ばいをする。
- 小さな物を親指と人差し指でつまむ。
- 「いやいや」「おててパチパチ」などのしぐさをまねる。
- 欲しい物や見つけた物を指さしで知らせる。

高ばいでチャレンジ

ひじとひざを伸ばし、おしりを高く上げて、両手とつま先で身体を支える姿勢のあそびです。

あそび 段差のある場所を上り下りしたり、室内用すべり台の斜面を上ったりします。

かかわりのポイント
- 段差については、階段のようなだんだん高くなる物だけではなく、巧技台などで凸凹の段差を作ります。
- 頭をしっかり上げて、前のめりにならないように、保育者が正面から呼びかけたり、おもちゃを動かしたりして誘いましょう。

経験してほしいこと・育つ力
- 安定したはいはい姿勢での移動
- 手足を交互に出し、バランスをとりながら姿勢を保つ力

参考資料 保育所保育指針の関連内容

「第2章　保育の内容」
1　乳児保育に関わるねらい及び内容
ア　健やかに伸び伸びと育つ
② 一人一人の発育に応じて、はう、立つ、歩くなど、十分に体を動かす。
イ　身近な人と気持ちが通じ合う
⑤ 温かく、受容的な関わりを通じて、自分を肯定する気持ちが芽生える。

| 粗大運動 | 発達の目安 | **0歳後半頃** |

●四つばいや高ばいで階段を上り下りする。
●徐々に一人で座るようになる。（支えのいらない一人でのお座り）
●「バイバイ」と聞いて手を振ったり、「ちょうだい」の言葉に応じて物を渡したりして、大人の簡単な言葉を理解するようになる。

ふわふわクッション

座位がしっかりしてきたら、ぜひ楽しみたいあそびです。

 あそび 薄い敷き布団を丸めて作ったクッションに両手足でつかまったり、またがったりしてあそびます。

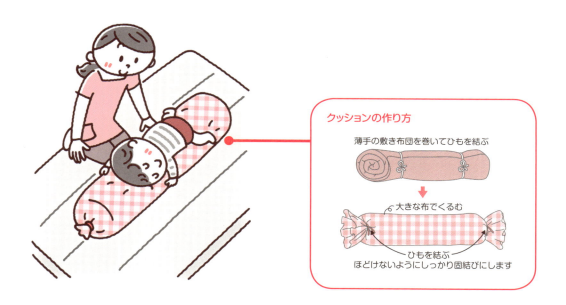

クッションの作り方

薄手の敷き布団を巻いてひもを結ぶ

↓

大きな布でくるむ

ひもを結ぶ
ほどけないようにしっかり固結びにします

参考資料 保育所保育指針の関連内容

「第2章　保育の内容」
1　乳児保育に関わるねらい及び内容
ア 健やかに伸び伸びと育つ
② 一人一人の発育に応じて、はう、立つ、歩くなど、十分に体を動かす。
イ 身近な人と気持ちが通じ合う
③ 生活や遊びの中で、自分の身近な人の存在に気付き、親しみの気持ちを表す。

クッションの感覚に慣れてきたら、少し揺らしても喜びます。

かかわりのポイント

- 上体の姿勢が不安定な子は、そばについて安定した姿勢がとれるように支えるなど、子どもの育ちに応じた援助を行います。

- ロールクッションの周囲にマットを敷いて、安全にあそべるように配慮しましょう。
- ロールクッションの高さは、またがったときに床に足が着くことが条件です。子どもの身体の大きさに合わせて、何種類か用意しておくといいでしょう。
- リラックスした状態であそぶことが大切です。緊張して身体がこわばっているようなら、抱きかかえるように支えたり、低いロールクッションに替えたりして、安心してあそべるようにしましょう。無理に誘うことは禁物です。

経験してほしいこと・育つ力

- 柔らかで不安定な物の上での姿勢保持や平衡感覚
- 身体が沈む感覚や揺れる感覚を楽しむ

ウ 身近なものと関わり感性が育つ
② 生活や遊びの中で様々なものに触れ、音、形、色、手触りなどに気付き、感覚の働きを豊かにする。

粗大運動

発達の目安 **0歳後半頃**
- さくなどにつかまりながら立ったり、座ったりする。(つかまり立ち)
- 物を出したり、入れたりする。
- 「いやいや」「おててパチパチ」などのしぐさをまねる。

つかまって立っち

「立っち」を獲得した子どもは、座位からぐんと広がる視界を楽しみます。

あそび A 立ったままあそべる高さに掛けられたおもちゃで、手指を使ったあそびを楽しみます。

あそび B つかまり立ちを獲得した子どもは、立つことを好みます。砂あそびも、大きめの植木鉢を用意して砂を入れ、立ったままあそべる環境を用意すると喜びます。

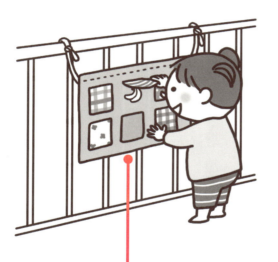

大きめの植木鉢

おもちゃ例

「いない いない ばあ」を楽しむようにめくってあそぶおもちゃです。一人で繰り返しを楽しみます。
❶ 厚手の布に、フェルトで作った動物や食べ物をはり付ける。
❷ それぞれの絵が隠れるような大きさの布を、上の一辺分だけ縫い付ける。
❸ ひもを付ける。

かかわりのポイント

●テラスでもさくにつかまって立ち、園庭の様子を見ることを喜びます。つかまり立ちの初期の頃は、姿勢が不安定で、バランスを崩しやすいので、注意して見守ります。また、つかまり立ち姿勢のままで上体を前後に揺らしたり、ひざを曲げたり伸ばしたりすることがあります。こうした動きを通して、この後に続く伝い歩きや一人立ちに必要な力を蓄えていきます。

●この時期に、トンネルくぐりやボールプールでのあそびを取り入れ、いろいろな姿勢を体験して、ボディーイメージを高めていけるようにすることも大切です。

経験してほしいこと・育つ力

●視界が広がる楽しさを感じる
●足の筋力や背筋力、胸筋力とバランス感覚

参考資料 保育所保育指針の関連内容

「第2章 保育の内容」
1 乳児保育に関わるねらい及び内容
ア 健やかに伸び伸びと育つ
② 一人一人の発育に応じて、はう、立つ、歩くなど、十分に体を動かす。
イ 身近な人と気持ちが通じ合う
⑤ 温かく、受容的な関わりを通じて、自分を肯定する気持ちが芽生える。
ウ 身近なものと関わり感性が育つ
④ 玩具や身の回りのものを、つまむ、つかむ、たたく、引っ張るなど、手や指を使って遊ぶ。

| 粗大運動 | 10 |

発達の目安 **0歳後半頃**
- さくなどにつかまりながら立ったり、座ったりする。（つかまり立ち）
- 「バイバイ」と聞いて手を振ったり、「ちょうだい」の言葉に応じて物を渡したりして、大人の簡単な言葉を理解するようになる。
- 欲しい物や見つけた物を指さしで知らせる。

歩く前の散歩

つかまり立ちの時期の散歩プランです。

あそび
散歩車の縁につかまって、立ち姿勢での散歩を楽しみます。散歩中に見つけた物を指さし、「ワンワンだね」「お花がきれいね」などとこたえてもらって、保育者とやり取りします。

かかわりのポイント
- しりもちをつかないように踏ん張る力は個人差があるので、子どもの様子を注意深く見守ります。
- 物と言葉が結びつくように、具体的な言葉をかけましょう。また、子どもからの働きかけに応答的にかかわることで、伝えたい思いを受け止めてもらえた満足感を味わえるようにすることも大切です。
- 毎回同じコースを通って次に出会う物の予測を促すことで、散歩への期待感をはぐくみましょう。

経験してほしいこと・育つ力
- 視界が広がる楽しさを感じる
- 足の筋力や背筋力、胸筋力とバランス感覚
- 物と言葉を結び付ける力
- 予測して期待する楽しさ

参考資料 保育所保育指針の関連内容

「第2章　保育の内容」
1　乳児保育に関わるねらい及び内容
ア　健やかに伸び伸びと育つ
② 一人一人の発育に応じて、はう、立つ、歩くなど、十分に体を動かす。
イ　身近な人と気持ちが通じ合う
④ 保育士等による語りかけや歌いかけ、発声や喃語等への応答を通じて、言葉の理解や発語の意欲が育つ。
ウ　身近なものと関わり感性が育つ
② 生活や遊びの中で様々なものに触れ、音、形、色、手触りなどに気付き、感覚の働きを豊かにする。

粗大運動 11

発達の目安 ○歳後半頃
- さくなどにつかまりながら立ったり、座ったりする。(つかまり立ち)
- さくなどを伝って歩く。(伝い歩き)
- 名前を呼ばれると振り向く。
- 「いないいないばあ」などと大人が声をかけると、声の調子をまねる。

紙パックのくぐりゲート

伝い歩きや、くぐって出入りなど、いろいろな姿勢になってあそびます。

あそび
紙パックで子どもの背丈くらいの屋根なしの囲いを作り、つかまり立ちや伝い歩きを楽しみます。また、はいはいで中央のゲートをくぐり、狭い場所からの出入りを楽しみます。

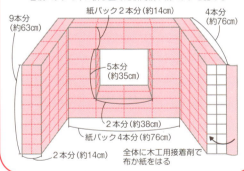

くぐりゲートの作り方
各紙パックの中に折り畳んだ新聞紙や紙パックを詰める
- 9本分(約63cm)
- 紙パック2本分(約14cm)
- 4本分(約76cm)
- 5本分(約35cm)
- 2本分(約38cm)
- 紙パック4本分(約76cm)
- 2本分(約14cm)
- 全体に木工用接着剤で布か紙をはる

かかわりのポイント
- 倒れないように、保育者が支えながら、子どもの様子を見守ります。
- くぐって出てくる子や、つかまり立ちで立ち上がった子に「ばあ」とこたえて、繰り返し楽しみたくなるかかわりを工夫しましょう。

経験してほしいこと・育つ力
- 自分の身体の輪郭や大きさを認識する力(ボディーイメージ)
- 足の筋力や背筋力、胸筋力とバランス感覚

参考資料 保育所保育指針の関連内容

「第2章 保育の内容」
1 乳児保育に関わるねらい及び内容
ア 健やかに伸び伸びと育つ
② 一人一人の発育に応じて、はう、立つ、歩くなど、十分に体を動かす。
ウ 身近なものと関わり感性が育つ
① 身近な生活用具、玩具や絵本などが用意された中で、身の回りのものに対する興味や好奇心をもつ。

| 粗大運動 | 12 |

発達の目安　**0歳後半頃**
●さくなどにつかまりながら立ったり、座ったりする。(つかまり立ち)
●さくなどを伝って歩く。(伝い歩き)
●「バイバイ」と聞いて手を振ったり、「ちょうだい」の言葉に応じて物を渡したりして、大人の簡単な言葉を理解するようになる。
●欲しい物や見つけた物を指さしで知らせる。

「あるきたい」あそび

伝い歩きを始めた子どもの願いにこたえるあそびです。

あそび　胸あたりの高さのついたてやサークルなどにつかまって、大好きな保育者や欲しいおもちゃに向かって歩きます。また、園庭に出る際の靴箱や、おむつ交換台まで伝い歩きで移動します。

かかわりのポイント

●大好きな保育者からの励ましや、歩けるうれしさの共感が意欲につながるので、応答的なかかわりが大切です。
●外に出る際や、おむつ交換など生活の場面では、子どものペースで移動を楽しめるよう、時間に余裕をもって、一人一人の姿に応じた援助をしましょう。

経験してほしいこと・育つ力
●歩く楽しさを感じる
●脚力やバランス感覚
●自分から動こうとする意欲

参考資料　保育所保育指針の関連内容
「第2章　保育の内容」
1　乳児保育に関わるねらい及び内容
ア　健やかに伸び伸びと育つ
② 一人一人の発育に応じて、はう、立つ、歩くなど、十分に体を動かす。
イ　身近な人と気持ちが通じ合う
⑤ 温かく、受容的な関わりを通じて、自分を肯定する気持ちが芽生える。

粗大運動 **13**

発達の目安　**1歳前半頃**
- 一人で立つ。
- 簡単な指示がわかる。
- 保育者の言葉の語尾をまねる。

たっち たっち

一人で歩き出す前、多くの子どもが見せる姿にこたえるあそびです。

あそび A 座っている保育者のひざに手をつき、保育者の「たっち　たっち」の声かけで立ち上がってみます。

あそび B 保育者と一緒に、どこにもつかまらないで両腕を伸ばして床につけ、その後、手を離しながらゆっくり立ち上がります。

保育者は立ち上がるときに、両手を広げてバランスをとる姿を見せる。

かかわりのポイント

- ひざや足の親指を使ってバランスをとれるように、マットや布団の上など、不安定な場所でも働きかけてみましょう。
- バランスが崩れたり、ひざが伸びきらなかったりすると、おしりからドスンとしりもちをつきます。そのときには、「たっち、たっち、どすーん」などと声をかけて、楽しい雰囲気を作りましょう。繰り返し体験することで、子どもはバランス感覚を高めていきます。

経験してほしいこと・育つ力
- 足の筋力や背筋力、胸筋力とバランス感覚
- 自分でやってみようとする意欲や達成感

参考資料　保育所保育指針の関連内容

「第2章　保育の内容」
2　1歳以上3歳未満児の保育に関わるねらい及び内容
ア 健康
③ 走る、跳ぶ、登る、押す、引っ張るなど全身を使う遊びを楽しむ。
イ 人間関係
② 保育士等の受容的・応答的な関わりの中で、欲求を適切に満たし、安定感をもって過ごす。

粗大運動

14

発達の目安　**1歳前半頃**
● 一人で歩く。（ハイガード歩行→ミドルガード歩行）
● 段ボール箱や乗用玩具を押して歩く。
● 簡単な指示がわかる。

イチニ イチニ

歩きはじめたばかりの時期の乗用玩具のあそびです。

あそび　広く平らな場所で、保育者に「イチニ　イチニ」と声をかけてもらいながら、車を押して歩きます。

かかわりのポイント

● 一人で押して歩きたいという思いを受け止めながら、見守ったり、少し離れた所から声をかけたりして、歩く楽しさを感じていけるようにします。
● 車に座ったままの子には、「ここ持ってごらん」と言葉をかけて、背もたれを持って押して歩くあそびに誘ってみます。
● 乗用玩具だけではなく、段ボール箱を押して歩くあそびも取り入れてみましょう。

経験してほしいこと・育つ力

● 自分の身体を支える力
● やってみようという意欲
● 歩く楽しさを感じる

参考資料　保育所保育指針の関連内容

「第2章　保育の内容」
2　1歳以上3歳未満児の保育に関わるねらい及び内容
　ア　健康
　③　走る、跳ぶ、登る、押す、引っ張るなど全身を使う遊びを楽しむ。
　イ　人間関係
　②　保育士等の受容的・応答的な関わりの中で、欲求を適切に満たし、安定感をもって過ごす。

粗大運動 15

発達の目安 1歳前半頃
- 一人で歩く。(ハイガード歩行→ミドルガード歩行)
- 段ボール箱や乗用玩具を押して歩く。
- 簡単な指示がわかる。

ここまでおいで

歩きはじめた子どもとのやり取りを楽しむあそびです。

あそび 正面前方の少し離れた所にいる保育者の言葉かけに応じて、両手を上げてバランスをとりながら歩きます。また、しりもちをつきながらも、保育者に見守られたり、励まされたりして、一人で立ち上がり、再び歩きます。

かかわりのポイント

- しりもちをついてもすぐに手を貸さずに、自分で歩きたいという子どもの意欲を大事にして見守り、歩ける喜びに共感するかかわりが大事です。
- まだ歩き方が不安定なので、平たんな場所で歩けるように場所を確保します。室内であれば、足の指先に力が入るよう、はだしにします。
- 足元が不安定な戸外など、支えたほうがいい場面では、保育者が子どもの手を握るのではなく、子どもが保育者の人差し指と中指を握るようにします。このとき、子どものひじが肩よりも上がらない位置になるよう配慮することが大切です。

経験してほしいこと・育つ力
- 歩く意欲
- 歩く楽しさを感じる
- 足の指の力やバランス感覚

参考資料 保育所保育指針の関連内容

「第2章　保育の内容」
2　1歳以上3歳未満児の保育に関わるねらい及び内容
ア 健康
③ 走る、跳ぶ、登る、押す、引っ張るなど全身を使う遊びを楽しむ。
イ 人間関係
② 保育士等の受容的・応答的な関わりの中で、欲求を適切に満たし、安定感をもって過ごす。

粗大運動 16

発達の目安 **1歳前半頃**
- 一人で歩く。（ハイガード歩行→ミドルガード歩行）
- 方向転換が難しく、まっすぐ進む。
- 簡単な指示がわかる。 ●一語文を話す。

待て待てボール

歩きはじめの頃に楽しむボールあそびです。

あそび　保育者が転がすボールを追いかけます。しゃがんでボールを拾い、そのまま立ち上がることがまだ難しいので、保育者からボールを受け取ります。

かかわりのポイント
- あまり速く転がすと、追視が追いつかず、興味をなくしてしまいます。あまり長い距離も同様です。速さや距離は、子どもの様子に合わせて調節しましょう。
- 歩行が不安定な時期なので、ボールを持ったまま、歩くことは避け、「ちょうだい」とその場でボールを受け取ります。
- 簡単な言葉の指示を理解するようになるので、「ボールさん、待て待て」と言いながら、保育者も一緒に追いかけて、楽しい雰囲気を盛り上げましょう。

経験してほしいこと・育つ力
- 歩くあそびへの興味や満足感
- 歩く意欲
- ボールへの興味や関心

参考資料　保育所保育指針の関連内容

「第2章　保育の内容」
2　1歳以上3歳未満児の保育に関わるねらい及び内容
ア 健康
③ 走る、跳ぶ、登る、押す、引っ張るなど全身を使う遊びを楽しむ。
イ 人間関係
② 保育士等の受容的・応答的な関わりの中で、欲求を適切に満たし、安定感をもって過ごす。
ウ 環境
② 玩具、絵本、遊具などに興味をもち、それらを使った遊びを楽しむ。

粗大運動 **17**

発達の目安　**1歳前半頃**
- 一人で歩く。（ハイガード歩行→ミドルガード歩行）
- 方向転換が難しく、まっすぐ進む。
- 簡単な指示がわかる。

あっちこっち歩き

歩行の安定につながる「歩くあそび」です。

あそび　興味をもった所へ向かって歩いたり、抵抗のある所を歩いたり、いろいろな場所で歩くことを楽しみます。

かかわりのポイント
- 目標物に向かって歩いているときは、周囲のおもちゃをどけて、安全な環境を整えます。
- 巧技台などで緩い坂道を作ったり、戸外なら少し砂を盛って地面を凸凹にしたりして、抵抗のある環境を作りましょう。
- 子どもが歩く姿に合わせて、歌（「あんよはじょうず」）をうたうなど、楽しい気持ちに寄り添うかかわりを工夫しましょう。

経験してほしいこと・育つ力
- 歩く意欲
- 歩くことを楽しむ
- 足の指の力やバランス感覚

参考資料　保育所保育指針の関連内容

「第2章　保育の内容」
2　1歳以上3歳未満児の保育に関わるねらい及び内容
ア 健康
③ 走る、跳ぶ、登る、押す、引っ張るなど全身を使う遊びを楽しむ。
イ 人間関係
② 保育士等の受容的・応答的な関わりの中で、欲求を適切に満たし、安定感をもって過ごす。

粗大運動 **18**

発達の目安 **1歳前半頃**
- 両手を下ろして歩く。（ローガード歩行）
- 物を持って歩く。　● 靴を履いて歩く。
- 眠るふりをしたり、空のコップで飲むまねをしたりして、「つもり」行動が表れる。

お出掛けあそび

つもりあそびを楽しむ中で、歩く経験を積み重ねます。

あそび A キルティングなどで作ったリュックにお手玉やボールを入れ、背負って歩きます。また、保育者と「バイバイ」などとやり取りをして、お出掛けのつもりであちこち歩きます。

かかわりのポイント
- あまり重量のある物を入れると、後ろへ引っ張られ、バランスを崩すので、中に入れる物に気をつけましょう。
- 出掛けるつもりになってあそぶ姿にこたえて、「いってらっしゃい」「おかえりなさい」と言葉をかけ、楽しみながら歩行運動を積み重ねていけるようにします。

いってらっしゃい

あそび B かばんにお気に入りのおもちゃを入れ、腕に掛けて、お出掛けのつもりで歩きます。

かかわりのポイント

- Bのあそびは、ミドルガード歩行*の姿が見られたら、楽しめるあそびです。子どもによっては、物を持って歩くことが難しいこともあるので、気をつけて見守りましょう。
- かばんだけではなく、小さなバケツや買い物かごのような物も用意しておきましょう。子どもの目につきやすいディスプレイを工夫して、あそびたくなる環境構成を考えましょう。

＊ミドルガード歩行＝両手をやや下げて歩くスタイル。詳しくは39ページをご覧ください。

経験してほしいこと・育つ力

- 歩行の安定
- 歩くことを楽しむ
- つもりを楽しむ

参考資料　保育所保育指針の関連内容

「第2章　保育の内容」
2　1歳以上3歳未満児の保育に関わるねらい及び内容
ア　健康
③ 走る、跳ぶ、登る、押す、引っ張るなど全身を使う遊びを楽しむ。
ウ　環境
② 玩具、絵本、遊具などに興味をもち、それらを使った遊びを楽しむ。
エ　言葉
① 保育士等の応答的な関わりや話しかけにより、自ら言葉を使おうとする。

粗大運動　19

発達の目安　1歳前半頃
- 両手を下ろして歩く。(ローガード歩行)
- 眠るふりをしたり、空のコップで飲むまねをしたりして、「つもり」行動が表れる。
- 保育者の言葉の語尾をまねる。

ふかふか歩き

ふかふかした感触を楽しみながら歩きます。

あそび
よく掘り返した砂場や、新聞紙を詰めたポリ袋のクッション、使わない布団など、ふかふかした感触に興味をもち、両手を横に広げて、1歩1歩ゆっくりと歩きます。

かかわりのポイント
- エアパッキングの上を歩くのもおすすめです。その場合は、幅50cm、長さ2〜3mのエアパッキングを床に敷き、動かないように布ガムテープなどで留めます。
- 簡単なつもりあそびを楽しむ時期なので、イメージしやすい絵本や身近な動物などを取り入れましょう。
- 「ふかふかだね」など、感触を言葉にして、発語への興味を高めていきます。

経験してほしいこと・育つ力
- 踏んだときの柔らかな感触を楽しむ
- 歩くことを楽しむ
- 足の指の力やバランス感覚
- つもりを楽しむ

参考資料　保育所保育指針の関連内容
「第2章　保育の内容」
2　1歳以上3歳未満児の保育に関わるねらい及び内容
ア　健康
③ 走る、跳ぶ、登る、押す、引っ張るなど全身を使う遊びを楽しむ。
ウ　環境
① 安全で活動しやすい環境での探索活動等を通して、見る、聞く、触れる、嗅ぐ、味わうなどの感覚の働きを豊かにする。

\column/

歩く前と、歩いてからと

歩くまでの大事なポイント

生まれてから多様な動きを身につけていく準備として、まずは首が据わる必要があります。首が据わることで、目で物を追える（追視）ようになり、その後、あおむけ、うつぶせ、支えのいらない一人でのお座りという3つの姿勢を変換させて、「歩く」ことを獲得していきます。

支えのいらない一人でのお座りは、とりわけ大事な姿勢。

歩くことで獲得し、発展していく力

歩く動きは、両手を上げた「ハイガード」、やや両手を下げた「ミドルガード」、そして両手を下ろした「ローガード」という段階をたどります。さらに、歩く動きが質的に高まることにより、2歳前後には身体が宙に浮く走る動きを獲得していきます。その後、跳ぶ動きに結び付いていくのです。また、歩くことで得たさまざまなかかわり合いを通して、「話し言葉」を獲得しはじめ、そのことに伴って「わかる」という認識能力も高まっていきます。

歩行の援助の目安

歩行の援助については、子どもの腕の位置を保つことが一つの目安となります。例えば、子どもの腕が下がってきているのに、片方の腕だけが上に伸びてしまうような格好で手をつなぐと、子どもはバランスを崩して、その場でくるんと回ってしまうことがあります。こうなると子どもは歩けなくなってしまいます。歩行に限らないことですが、子どもにとって心地よい援助が必要な援助と言えるでしょう。

| 粗大運動 | **20** | 発達の目安　**1歳後半頃** |

- 安定した姿勢で歩く。
- 歩く向きを変えたり、戻ってきたりする。
- びんのふたを開ける。
- 自分なりの「つもり」が強くなる。

一緒にお散歩

歩行が安定してきたら楽しみたいあそびです。

あそび　引き車のひもを片手でぎゅっと握って、腕を身体の後方に伸ばし、引っ張って動かします。慣れてきたら、散歩の気分で、室内の好きな所を歩いてみます。

かかわりのポイント

- あそびに変化が出るよう、所々についたてなどで曲がり角を作ると楽しいです。引っ掛かって動かないときには、自分の力を出せるように励ましましょう。「ここに引っ掛かっちゃうね」「狭くて通れないね」などと知らせることで、空間を認知する力がはぐくまれていきます。

- 握りやすいように、ひもの先端を結んでおくといいでしょう。手を通して持てるように輪を作ってしまうと、握る力の育ちにはつながらないので、気をつけましょう。

経験してほしいこと・育つ力
- 歩くことを楽しむ
- 握る力や引っ張る力
- 空間を認知する力
- つもりを楽しむ

参考資料　保育所保育指針の関連内容

「第２章　保育の内容」
２　１歳以上３歳未満児の保育に関わるねらい及び内容
ア　健康
③　走る、跳ぶ、登る、押す、引っ張るなど全身を使う遊びを楽しむ。
ウ　環境
②　玩具、絵本、遊具などに興味をもち、それらを使った遊びを楽しむ。

粗大運動 21

発達の目安　**1歳後半頃**
- 安定した姿勢で歩く。
- 立ったり、しゃがんだりする。
- 「○○ちゃんの」「○○ちゃんも」と自分を主張する。

かくれあそび

歩いて探したり、隠れたり、歩くあそびを十分に楽しみます。

あそび　保育者は、柱の陰や机の下、ついたての後ろなど、子どもから少し離れた所へ「いーないよー」と唱えるように言いながら隠れます。このとき、子どもが見つけやすいように身体の一部を見せておき、子どもが見つけにきたら「ばあ」と言って出ます。

かかわりのポイント
- 繰り返しを楽しむ時期なので、ある程度同じ場所に隠れ、子どもが安心して楽しめるようにします。
- 慣れてきたら隠れる場所を増やして、斜面や凸凹した所を歩く機会を設けましょう。
- 保育者のまねをして隠れる子もいます。「○○ちゃんはどこかな?」などと言いながら、見つかるわくわく感を感じられるようにこたえます。

経験してほしいこと・育つ力
- 歩くことを楽しむ
- 保育者とのやり取りを楽しむ

参考資料　保育所保育指針の関連内容

「第2章　保育の内容」
2　1歳以上3歳未満児の保育に関わるねらい及び内容
ア　健康
③　走る、跳ぶ、登る、押す、引っ張るなど全身を使う遊びを楽しむ。
イ　人間関係
②　保育士等の受容的・応答的な関わりの中で、欲求を適切に満たし、安定感をもって過ごす。

粗大運動 22

発達の目安 1歳後半頃
● 立ったり、しゃがんだりする。
● 小走りで移動する。
● 大人の言葉かけがわかり、応じて行動しようとする。

ボール追いかけあそび

転がるボールを追いかけて持ってくるあそびです。

あそび
かごに入ったたくさんのボールを保育者が一気に転がし、子どもたちが追いかけて取りにいきます。取ったボールは保育者の言葉かけに応じて、かごに戻します。このあそびを繰り返しながら、保育者とのやり取りを楽しみます。

かかわりのポイント
● 「1、2の3！」や「さあ、行くよー」など、転がす前に声をかけて、子どもが見通しやイメージをもちやすいように工夫します。
● ボールを取れたことを一緒に喜んだり、取ってきたボールを「かごにポーンって入れてね」「くださいな。ありがとうね」などと言葉をかけたりして、やり取りを楽しめるよう配慮しましょう。
● ボールの大きさの目安は直径7〜8cmくらいです。当たっても痛くないような、握るとつぶれるぐらいの硬さの物がいいでしょう。色がカラフルなボールだと、見た目にも楽しさが増します。

経験してほしいこと・育つ力
● 目と手や足の協応
● 小走りでの移動
● ボールを使うあそび
● 保育者とのやり取りを楽しむ

参考資料 保育所保育指針の関連内容
「第2章　保育の内容」
2　1歳以上3歳未満児の保育に関わるねらい及び内容
ア 健康
③ 走る、跳ぶ、登る、押す、引っ張るなど全身を使う遊びを楽しむ。
イ 人間関係
② 保育士等の受容的・応答的な関わりの中で、欲求を適切に満たし、安定感をもって過ごす。
ウ 環境
② 玩具、絵本、遊具などに興味をもち、それらを使った遊びを楽しむ。

ボールのおもしろさを感じる経験を大事に

特別の練習が必要な運動

　人間の運動は、(1)生まれながらのもの、(2)発育に伴うもの、(3)運動学習するもの、(4)特別の練習を要するもの、に分類することができます。その中でも、特別の練習を要する運動は、スプーン、はし、鉛筆などの物を扱う運動であり、「ボールのあそび」も、まさに「ボール」という物を扱う運動になります*。

0．1．2歳児期のボールとのかかわり方

　首が据わった頃、あおむけで寝ている子の顔の前で、おもちゃを左右にゆっくり動かすと、そのおもちゃを目で追う追視をするようになります。この追視が、やがてはボールに対して働きかける楽しさや、相手や的とのやり取りを楽しむことにつながっていきます。つまり、ボールに対して働きかける楽しさとは、動くボールを目で追う、動くボールを追いかけてつかまえる、転がってくるボールを受け止めるなど、ボールを自分の物にする楽しさです。そして、その楽しさが、ボールを投げる、けるなど、ボールを自分で操作する楽しさ、さらにはボールを媒介にして相手とやり取りをしたり、的に向かってボールを当てたりする楽しさにつながっていきます。
　ここで考えなければならないのは、あそびに応じてどのようなボールを選択するのかということです。本書のボールのあそびで、それぞれ参考例を紹介しています。子どもたちの様子を見ながら、いろいろ試してみるといいでしょう。

*運動の分類については、『からだづくり・けんこうづくり』（堀江重信　ミネルヴァ書房 1985年　P.210）を参照

粗大運動 23

発達の目安 **1歳後半頃**
●安定した姿勢で歩く。
●立ったり、しゃがんだりする。　●ボールを前方にける。
●身近な生活用品や道具の名前、身体の部位などがわかるようになる。

またいでよいしょ

抵抗を克服して歩くおもしろさや達成感を感じるあそびです。

あそび　水が入ったペットボトル2本に張られたゴムひもを、保育者に援助してもらってまたぎます。

ゴムひもを張る高さは、床から5〜10cmくらい。

かかわりのポイント
●子どもの様子に応じて、両手を添えたり、手をつないだりしてまたげるようサポートし、達成感を得られるように配慮します。
●高さは変えずに、繰り返しを楽しめるようにします。

経験してほしいこと・育つ力
●抵抗に挑戦するおもしろさや達成感を感じる
●目と足の協応
●バランス感覚やボディーイメージ

参考資料　保育所保育指針の関連内容
「第2章　保育の内容」
2　1歳以上3歳未満児の保育に関わるねらい及び内容
ア　健康
③　走る、跳ぶ、登る、押す、引っ張るなど全身を使う遊びを楽しむ。
イ　人間関係
②　保育士等の受容的・応答的な関わりの中で、欲求を適切に満たし、安定感をもって過ごす。

粗大運動 24

発達の目安 **1歳後半頃**
- 安定した姿勢で歩く。
- 立ったり、しゃがんだりする。
- 自分なりの「つもり」が強くなる。

引っ張ってよいしょ

段ボール箱を使った、重さを感じるあそびです。

握るひもは、荷造り用のひもを三つ編みにした物を取り付ける。

あそび 段ボール箱に結ばれたひもをしっかり握って、行きたい所まで引っ張ります。保育者とやり取りしながら、水が入ったペットボトルで段ボール箱の重さを調節してもらい、いろいろな重さの箱を引っ張ってみます。また、好きなおもちゃを入れて、つもりあそびを楽しみます。

かかわりのポイント

- ぬいぐるみや大きな積み木、車といったいろいろなおもちゃや、水が入ったペットボトルなど、さまざまな重さの物を用意して、引っ張るときの手ごたえの違いを感じられるようにします。段ボール箱もいろいろな大きさの物を用意するといいでしょう。
- 引っ張る様子を見守り、重そうにしていたら「重いね、力をいっぱい使うね」「しっかり握ってね」などと言葉をかけ、重さを感じたり、引っ張るときの力加減を意識したりできるようにします。

経験してほしいこと・育つ力
- 握る力
- 前傾姿勢をとる
- 重さを感じる
- 言葉と身体の動きの一致

参考資料 保育所保育指針の関連内容

「第2章 保育の内容」
2 1歳以上3歳未満児の保育に関わるねらい及び内容
ア 健康
③ 走る、跳ぶ、登る、押す、引っ張るなど全身を使う遊びを楽しむ。
ウ 環境
② 玩具、絵本、遊具などに興味をもち、それらを使った遊びを楽しむ。
エ 言葉
① 保育士等の応答的な関わりや話しかけにより、自ら言葉を使おうとする。

25 粗大運動

発達の目安　**1歳後半頃**
● 歩く向きを変えたり、戻ってきたりする。　● 小走りで移動する。
● 大人の言葉かけがわかり、応じて行動しようとする。
● 「○○ちゃんの」「○○ちゃんも」と自分を主張する。

待て待てあそび

走る動きを楽しむあそびです。

あそび
保育者に「待て待てー」と追いかけられて逃げたり、つかまえてもらいたくてスピードを緩めたりしてあそびます。また、つかまったときには、「○○ちゃん、つかまえた！」と言ってだっこをしてもらいます。

かかわりのポイント
● 保育者が走るスピードを変えて、子どもが保育者の姿を目で追ったり、保育者との距離の変化を感じたりできるようにします。
● 危険の判断や行動を制御する力は、まだ十分に発達していないので、保育者が素早く行動できるよう気をつけましょう。また、思いきり動ける広い場所を選びましょう。

経験してほしいこと・育つ力
● 走る感覚を味わう
● 目と足の協応
● 追視

参考資料　保育所保育指針の関連内容
「第2章　保育の内容」
２　1歳以上3歳未満児の保育に関わるねらい及び内容
ア　健康
③ 走る、跳ぶ、登る、押す、引っ張るなど全身を使う遊びを楽しむ。
イ　人間関係
① 保育士等や周囲の子ども等との安定した関係の中で、共に過ごす心地よさを感じる。

粗大運動

26

発達の目安 1歳後半頃
- 安定した姿勢で歩く。
- 歩く向きを変えたり、戻ってきたりする。
- 大人の言葉かけがわかり、応じて行動しようとする。
- 「○○ちゃんの」「○○ちゃんも」と自分を主張する。

一緒に「ヤッホー」

斜面を上るあそびで、さまざまな力が育ちます。

あそび
最初は、保育者に援助されながら、斜面を上ります。繰り返しあそぶ中で、徐々に斜面に合わせてひざやつま先に力を入れ、前傾姿勢を保ちながら斜面を上りきり、達成感を味わいます。

かかわりのポイント
- 子どもの身体を後ろから支えるのではなくて、子どもの前に立って、手を差しのべることで、自然とつま先に力が入るようにし、重心を前にして上れるようにします。
- 子ども自身がバランスをとって上る感覚を味わえるように、子どものペースに合わせて、指をそっと握る程度にし、子どもの手を引っ張ったり、強く握らないように気をつけましょう。
- 「上る」「下りる」「高い」「低い」など、動きや位置に応じた言葉を添えて、言葉の意味と経験がつながるように配慮します。

経験してほしいこと・育つ力
- 前傾姿勢で上る
- 平衡感覚
- 距離や高さを感じる空間認識力
- 「ひとりでできた」という達成感

参考資料 保育所保育指針の関連内容
「第2章 保育の内容」
2 1歳以上3歳未満児の保育に関わるねらい及び内容
ア 健康
③ 走る、跳ぶ、登る、押す、引っ張るなど全身を使う遊びを楽しむ。
エ 言葉
② 生活に必要な簡単な言葉に気付き、聞き分ける。

粗大運動

27

発達の目安 1歳後半頃
- 安定した姿勢で歩く。
- 立ったり、しゃがんだりする。
- 大人の言葉かけがわかり、応じて行動しようとする。

ひざ曲げジャンプ

子どもにとっては「跳んでいるつもり」の楽しいあそびです。

あそび　音楽に合わせて、保育者の動きをまねしたり、保育者の「ジャンプ」の言葉に合わせたりして、ひざの曲げ伸ばしを繰り返します。

かかわりのポイント
- 自分で身体を浮かせようとするとき、力が入ってバランスを崩しやすいので、子どもの様子に応じて、保育者が両手を支えて持つようにするといいでしょう。
- 言葉と行為の一致が図れるように、「ジャンプ」と声をかける際には、どんな動きなのかを保育者が見せて伝えていきます。アクションがオーバーになりすぎないように気をつけながら、めりはりのある動きを意識しましょう。

経験してほしいこと・育つ力
- 平衡感覚
- 身体を使って表現することを楽しむ
- 言葉と行為の一致

参考資料　保育所保育指針の関連内容

「第2章　保育の内容」
2　1歳以上3歳未満児の保育に関わるねらい及び内容
ア　健康
③ 走る、跳ぶ、登る、押す、引っ張るなど全身を使う遊びを楽しむ。
オ　表現
② 音楽、リズムやそれに合わせた体の動きを楽しむ。

粗大運動 28

発達の目安 **1歳後半頃**
- 立ったり、しゃがんだりする。
- 小走りで移動する。
- 自分なりの「つもり」が強くなる。

飛行機ジャンプ

身体が浮く感覚を楽しむ、ジャンプにまつわるあそびです。

あそび 両わきを保育者に支えてもらい、「ジャンプ」の声かけに合わせて、高さのある所から身体を浮かせて下ろしてもらいます。

かかわりのポイント
- 段差がある場所を上り下りする姿が見られるようになったら、「ジャンプやってみる？」と言葉をかけて行います。
- 子どもの表情がこわばったり、身体に力が入るようなら、浮かせる高さを低くしたり、いったんやめて様子を見たりして、慎重に進めましょう。

経験してほしいこと・育つ力
- 身体が「浮く」感覚
- 「やってみよう」という意欲

参考資料 保育所保育指針の関連内容

「第2章 保育の内容」
2 1歳以上3歳未満児の保育に関わるねらい及び内容
ア 健康
③ 走る、跳ぶ、登る、押す、引っ張るなど全身を使う遊びを楽しむ。
イ 人間関係
② 保育士等の受容的・応答的な関わりの中で、欲求を適切に満たし、安定感をもって過ごす。

粗大運動 **29**

発達の目安 **1歳後半頃**
●両足はそろわないが、15cm程度の高さから跳び下りる。
●身近な生活用品や道具の名前、身体の部位などがわかるようになる。

トントンジャンプ

両足ジャンプの前段階の動きを楽しみます。

あそび 保育者に両手を持ってもらい、ほんの少しの高さのある所から片足ずつトントンとジャンプするように下ります。

かかわりのポイント

● 保育者が子どもの両手を下から優しく握って支えますが、あくまでも子どもが自分で跳ぼうとすることが大事です。決して引っ張り上げるような無理なリードは行わないように気をつけましょう。
● 自分の体重をすべて足首にかけてしまいがちなので、硬い床で行うと、足首に負担がかかりすぎます。畳やマットなど、衝撃を吸収する所であそぶようにしましょう。

経験してほしいこと・育つ力
● 平衡感覚
● 「跳ぶ」つもりを楽しむ
● 自分から跳んでみようとする気持ち

参考資料 保育所保育指針の関連内容

「第2章 保育の内容」
2　1歳以上3歳未満児の保育に関わるねらい及び内容
　ア 健康
　③ 走る、跳ぶ、登る、押す、引っ張るなど全身を使う遊びを楽しむ。
　イ 人間関係
　② 保育士等の受容的・応答的な関わりの中で、欲求を適切に満たし、安定感をもって過ごす。

粗大運動 30

発達の目安 1歳後半頃
- すべり台を前向きに滑る。
- 基本体位（横たわる・座位・立位）をとり、その体位への変換を自在に行う。
- 身近な生活用品や道具の名前、身体の部位などがわかるようになる。
- 「○○ちゃんの」「○○ちゃんも」と自分を主張する。

くぐって渡ってGO！

巧技台のはしごを使うあそびです。

あそび　巧技台に設置されたはしごの下をくぐり抜けたり、床に直接置かれたはしごを高ばいで渡ったりしてあそびます。また、はしごを横長に立てて、枠をくぐるあそびも、この時期ならではのあそび方です。

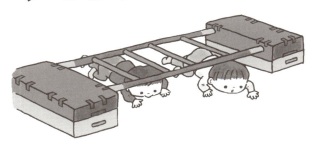

かかわりのポイント
- 下をくぐり抜けるあそびでは、最初は四つばいでくぐり抜けられる程度の高さから始め、段階的に低くしていきましょう。
- 横向きで渡ったり、前方を向いて渡ったり、渡り方は個人差があります。これは、発達の違いなので、様子を見守りましょう。その子がそのときにできる方法で渡っています。

経験してほしいこと・育つ力
- 自分の身体の輪郭やサイズを意識する力（ボディーイメージ）
- 空間を認識する力
- 身体の動きをコントロールする力
- 「やってみよう」という意欲

参考資料 保育所保育指針の関連内容

「第2章　保育の内容」
2　1歳以上3歳未満児の保育に関わるねらい及び内容
ア　健康
③　走る、跳ぶ、登る、押す、引っ張るなど全身を使う遊びを楽しむ。
イ　人間関係
⑥　生活や遊びの中で、年長児や保育士等の真似をしたり、ごっこ遊びを楽しんだりする。
ウ　環境
②　玩具、絵本、遊具などに興味をもち、それらを使った遊びを楽しむ。

粗大運動

31

発達の目安　**1歳後半頃**
- すべり台を前向きに滑る。
- 基本体位（横たわる・座位・立位）をとり、その体位への変換を自在に行う。
- 身近な生活用品や道具の名前、身体の部位などがわかるようになる。
- 「○○ちゃんの」「○○ちゃんも」と自分を主張する。

おもしろマット階段

階段を利用して、上りと滑りを楽しむあそびです。

あそび A マットが掛かった階段を四つばいや立ったままで上り、上までのぼったら、座った姿勢で滑りおります。

どしん どしん

あそび B 慣れてきたら、「ライオンみたいだね」「キリンさんになって上れるかなあ」など、保育者からの声かけに応じて、知っている動物になったつもりで上ります。

かかわりのポイント

- 階段にマットを掛けるところから、「何を作ろうかな」と声をかけ、子どもにも手伝ってもらい、あそびに期待がもてるようにします。
- 子どもたちが親しんでいる上りやすいテンポの歌をうたいながら上るようにして、楽しい雰囲気を作ります。
- マットを掛ける階段の段数は、子どもの様子を見ながら、少しずつ増やしていくとよいでしょう。

経験してほしいこと・育つ力

- 身体の動きをコントロールする
- つもりや見立てを楽しむ
- 友達と同じあそびを楽しむ

参考資料 保育所保育指針の関連内容

「第2章 保育の内容」
2 1歳以上3歳未満児の保育に関わるねらい及び内容
ア 健康
③ 走る、跳ぶ、登る、押す、引っ張るなど全身を使う遊びを楽しむ。
イ 人間関係
⑥ 生活や遊びの中で、年長児や保育士等の真似をしたり、ごっこ遊びを楽しんだりする。

32 粗大運動

発達の目安 1歳後半頃
- すべり台を前向きに滑る。
- 基本体位（横たわる・座位・立位）をとり、その体位への変換を自在に行う。
- 道具の用途がわかり、使おうとする。
- 「じゅんばん」「かして」といった言葉で友達に要求する。

工事ごっこ

思う通りに身体を動かして、砂場あそびを楽しみます。

あそび
砂場で、山を作ったり、砂をバケツに入れて運んだりして、さまざまな力をバランスよく使ってあそびます。

かかわりのポイント
- 子どもが腕を存分に使って山を作れるよう、砂場に砂をたくさん入れたり、掘り起こしてふかふかに耕したりしておきましょう。
- 子どもがどんなイメージであそんでいるのかを把握したうえで、言葉をかけたり、一緒にあそんだりして、やり取りを楽しめるようにかかわります。

経験してほしいこと・育つ力
- 身体の動きをコントロールする力
- 姿勢を維持する力や腕力
- 道具を操作する力
- 自分のイメージや思いをしぐさや言葉で表現する

参考資料 保育所保育指針の関連内容

「第2章　保育の内容」
2　1歳以上3歳未満児の保育に関わるねらい及び内容
ア　健康
③ 走る、跳ぶ、登る、押す、引っ張るなど全身を使う遊びを楽しむ。
ウ　環境
② 玩具、絵本、遊具などに興味をもち、それらを使った遊びを楽しむ。
オ　表現
① 水、砂、土、紙、粘土など様々な素材に触れて楽しむ。

粗大運動 **33**

発達の目安 **1歳後半頃**
- 乗用玩具にまたがり、前に進もうとする。
- 道具の用途がわかり、使おうとする。
- 「じゅんばん」「かして」といった言葉で友達に要求する。

車でGO！

歩行が安定してきた時期に楽しむ、乗用玩具を使ったあそびです。

あそび A 車を押しながら曲がったコースを歩いたり、友達が乗っている車を押したりして、いろいろなやり方で前進させます。

あそび B 左右の足を交互に動かす足こぎに挑戦します。

いち、に いち、に

かかわりのポイント

- カーブのあるコースでうまく進めない場合は、ひざの使い方が十分ではないことが考えられるので、直線のコースで楽しめるように配慮します。
- ひざの使い方がわからないと、こぐことはできません。また、前に進もうとしているのに、後ろへ進む場合もあります。こぐという足の動きを少しずつ知っていけるように、子どもの様子に応じて保育者が援助しましょう。

経験してほしいこと・育つ力

- 腕や足に力を入れて踏ん張る
- ひざを使ってこぐ
- 「やってみよう」という意欲や「できた」という満足感

参考資料 保育所保育指針の関連内容

「第2章 保育の内容」
2 1歳以上3歳未満児の保育に関わるねらい及び内容
ア 健康
③ 走る、跳ぶ、登る、押す、引っ張るなど全身を使う遊びを楽しむ。
ウ 環境
② 玩具、絵本、遊具などに興味をもち、それらを使った遊びを楽しむ。

34 粗大運動

発達の目安　**2歳代**
- 転ばないで歩く。
- 遠くを見ながら動くなど、空間認知が高まる。

はしご渡り

巧技台のはしご渡りに挑戦するプログラムです。

あそび　巧技台に渡してあるはしごを、立ったまままたいだり、高ばい姿勢で渡ったり、いろいろなやり方で渡ります。

立ったまま、はしごをまたいで渡る

片足だけはしごに載せて渡る

はしごを手で握り、足は両足ともに地面につけながら渡る

立ってはしごの上を渡る

はしごの上を高ばいで渡る

おおよそ2歳後半からのあそび。

かかわりのポイント

- 保育者がやって見せることで、姿勢を変化させることやバランスをとって歩くことに興味をもち、楽しめるようにしていきます。
- はしごを握って渡ろうとする子には、腕の力で身体を支えるために、親指を下にして握るように知らせましょう。
- 立って渡る子の援助をするときは、自分でバランスをとっていけるように、保育者は手のひらを上にして子どもの手を軽く握るように援助します。
- 活動に慣れてきたら、片側を高くして、斜めのはしごも設置してみましょう。

経験してほしいこと・育つ力

- 移動運動をする中で重心をどこに置くか判断する力とバランス感覚
- 手足の協応と握る力
- いろいろな姿勢変化を楽しむ

参考資料 保育所保育指針の関連内容

「第2章 保育の内容」
2 1歳以上3歳未満児の保育に関わるねらい及び内容
ア 健康
③ 走る、跳ぶ、登る、押す、引っ張るなど全身を使う遊びを楽しむ。
ウ 環境
② 玩具、絵本、遊具などに興味をもち、それらを使った遊びを楽しむ。

粗大運動 **35**

発達の目安　**2歳代**
● 転ばないで歩く。
● 「〜ではない○○だ」という認識が高まる。
● 「これ、なあに？」とよく質問する。

紙パックの平均台渡り

手作りの簡易平均台で、バランスをとりながら歩くことを楽しみます。

あそび
紙パックで作った平均台をバランスをとりながら、渡っていくあそびです。保育者の「ゆっくりね」「そっとだよ」といった言葉かけに応じて、動きをコントロールしながら渡ります。

紙パックの中に折り畳んだ新聞紙や紙パックを詰め、2〜4本つないで、布ガムテープで留める。上から木工用接着剤で布をはる。

かかわりのポイント
● 少し難しいこともやってみたい時期なので、紙パックの幅はあえて1〜2本分にします。
● 保育者の言葉を聞いて、その言葉に応じるように身体を動かすことは、言葉と行為の一致を高めます。子どもの動きに応じた言葉をかけていきましょう。
● 周りを海に見立てて、「海に落ちたら、大変！」と声をかけ、「つもり」の世界で楽しめるようにしましょう。

経験してほしいこと・育つ力
● 身体の動きをコントロールする力
● バランス感覚
● 挑戦してみようとする意欲や渡りきった満足感
● つもりの世界を楽しむ

参考資料　保育所保育指針の関連内容
「第2章　保育の内容」
2　1歳以上3歳未満児の保育に関わるねらい及び内容
ア　健康
③　走る、跳ぶ、登る、押す、引っ張るなど全身を使う遊びを楽しむ。
イ　人間関係
⑥　生活や遊びの中で、年長児や保育士等の真似をしたり、ごっこ遊びを楽しんだりする。
ウ　環境
②　玩具、絵本、遊具などに興味をもち、それらを使った遊びを楽しむ。

粗大運動 36

発達の目安 **2歳代**
- 転ばないで歩く。
- 横歩きや後ろ歩きをする。
- 「多い・少ない」「大きい・小さい」「長い・短い」などがわかる。

プレ・ジャンプ

「跳ぶ」動きを獲得する直前のあそびです。

あそび 一人で、タイヤやはしごをまたいだり、坂を上ったりします。また、間隔を空けて置かれた巧技台を渡っていきます。

最初は、巧技台のふたのみを使って挑戦。

かかわりのポイント

- タイヤまたぎは、この時期の子どもには簡単なことではありません。最初は、子どもの様子に応じて、両手を持って支えるようにしましょう。
- 台から台へ渡っていくあそびでは、一瞬の浮遊感を楽しめます。少しずつ台と台の間隔を空けたり、高さの違う台を用意したりして、子どもが達成感を味わえるように配慮します。

経験してほしいこと・育つ力

- バランス感覚
- 体勢を調整する力
- 「やってみよう」という意欲や「できた」という満足感

参考資料 保育所保育指針の関連内容

「第2章 保育の内容」
2 1歳以上3歳未満児の保育に関わるねらい及び内容
ア 健康
③ 走る、跳ぶ、登る、押す、引っ張るなど全身を使う遊びを楽しむ。
イ 人間関係
② 保育士等の受容的・応答的な関わりの中で、欲求を適切に満たし、安定感をもって過ごす。

粗大運動 37

発達の目安 2歳代
●転ばないで歩く。
●横歩きや後ろ歩きをする。
●粘土や積み木などをほかの物に見立てる。

にょろにょろヘビ

跳び縄を使って、つもりあそびを楽しみましょう。

あそび
保育者が動かす跳び縄をヘビに見立てて、踏まないようにまたいだり、跳び越したりしてあそびます。最初は、動かさずに何本もの縄を並べて、踏まないように歩くあそびが楽しいです。慣れてきたら、動きに合わせて大またでまたいでみましょう。

かかわりのポイント
●ヘビに見立てた跳び縄は、最初は「グーグー、眠っているよ。起こさないでね」と動かさないところから始めましょう。
●一人一人の発達に合わせて、縄の動きを調節し、子どもが「もう1かい」と繰り返しを楽しめるように配慮します。

経験してほしいこと・育つ力
●身体の動きをコントロールする力
●バランス感覚
●目と足の協応
●つもりの世界を楽しむ

参考資料 保育所保育指針の関連内容
「第2章 保育の内容」
2 1歳以上3歳未満児の保育に関わるねらい及び内容
ア 健康
③ 走る、跳ぶ、登る、押す、引っ張るなど全身を使う遊びを楽しむ。
イ 人間関係
⑥ 生活や遊びの中で、年長児や保育士等の真似をしたり、ごっこ遊びを楽しんだりする。
ウ 環境
② 玩具、絵本、遊具などに興味をもち、それらを使った遊びを楽しむ。

| 粗大運動 | 38 |

発達の目安 **2歳代**
- 転ばないで歩く。
- 横歩きや後ろ歩きをする。
- 「○○してから〜する」と、見通しをもった行動をとるようになる。

階段いち、に

何にもつかまらない階段上りを楽しむあそびです。

あそび　一段先に手を着いて、手元を見ながら上がったり、何にもつかまらずに足元を見ながら上ったり、一人一人ができる方法で上ってみます。

一段ずつ足をそろえて上る。

かかわりのポイント
- 手元、足元を見てゆっくり上っていけるよう、「足を見ようね」と言葉をかけていきます。発達の個人差を考慮し、その子のペースに合わせて「いち、に、いち、に」と言いながら見守りましょう。
- 上りきった子のうれしさに共感して、「やったー、高いね」と言葉で伝えることも大切です。

足を交互に出して上る。

経験してほしいこと・育つ力
- 目と足の協応
- 空間認識力
- 「やってみよう」という意欲や「上れた」という満足感

参考資料　保育所保育指針の関連内容

「第2章　保育の内容」
2　1歳以上3歳未満児の保育に関わるねらい及び内容
ア　健康
③　走る、跳ぶ、登る、押す、引っ張るなど全身を使う遊びを楽しむ。
イ　人間関係
②　保育士等の受容的・応答的な関わりの中で、欲求を適切に満たし、安定感をもって過ごす。

粗大運動 **39**

発達の目安 **2歳代**
● 両足を交互に踏み出して階段を上る。　● 走る。
● 遠くを見ながら動くなど、空間認知が高まる。
● 自分の気持ちを言葉で伝える。

追いかけっこ

走る楽しさを味わうあそびです。

あそび
おばけやオオカミになった保育者に追いかけられて逃げたり、逆に、おばけやオオカミになった子どもが保育者を追いかけ、つかまえます。

かかわりのポイント
● 周囲に注意を払いながら走ることは難しいので、広い場所であそびます。また、子ども同士がぶつからないよう、気をつけます。
● 保育者がおばけやオオカミになってのつもりあそびでは、子どもが怖がっていないか、気をつけながらあそびます。
● 子どもが保育者を追いかけるあそびでは、子どもの集中力が途切れないよう、保育者は子どもより少し速く走り、つかまえられる程度の距離感を保つようにします。

経験してほしいこと・育つ力
● 身体の動きをコントロールする力
● 走ることを楽しむ
● イメージを共有し、保育者とのやり取りを楽しむ

参考資料 保育所保育指針の関連内容
「第2章　保育の内容」
2　1歳以上3歳未満児の保育に関わるねらい及び内容
ア 健康
③ 走る、跳ぶ、登る、押す、引っ張るなど全身を使う遊びを楽しむ。
エ 言葉
⑤ 保育士等とごっこ遊びをする中で、言葉のやり取りを楽しむ。

40 粗大運動

発達の目安 2歳代
- 両足を交互に踏み出して階段を上る。
- 走る。
- 「多い・少ない」「大きい・小さい」「長い・短い」などがわかる。

ころころぽーん！

より深くボールとかかわり、ボールがもつ楽しさを味わいます。

あそび 保育者が斜面の上から転がしたボールのさまざまな動きを楽しみます。ゆっくり転がったり、勢いよく転がったり、壁に当たってはねたりするボールを目で追い、手に取って、自分で転がしたり、保育者に転がしてもらったりして繰り返し楽しみます。

かかわりのポイント
- 転がすボールの種類や坂の傾斜を変えて、速さを調節し、いろいろなボールの性質を感じられるようにします。
- ボールの動きを目で見て楽しめるよう、直径15cm大で勢いよく転がる重めのボールや、ゆっくり転がる形状のボールなどを用意します。

経験してほしいこと・育つ力
- 目と手足の協応
- 予測し、判断する力
- 空間認識力
- ボールのおもしろさを感じる

参考資料 保育所保育指針の関連内容

「第2章 保育の内容」
2 1歳以上3歳未満児の保育に関わるねらい及び内容
ア 健康
③ 走る、跳ぶ、登る、押す、引っ張るなど全身を使う遊びを楽しむ。
ウ 環境
② 玩具、絵本、遊具などに興味をもち、それらを使った遊びを楽しむ。

粗大運動 41

発達の目安 2歳代
● 両足を交互に踏み出して階段を上る。　● 走る。
● 「多い・少ない」「大きい・小さい」「長い・短い」などがわかる。
● 自分の気持ちを言葉で伝える。

リズム・ランニング

歌を聞きながら、速さを調節して、走るおもしろさを味わいます。

あそび
「ちょうちょう」や「とんぼのめがね」の歌に合わせて、走ります。チョウチョウやトンボになったつもりの身体表現も楽しみます。

両腕を広げ、上下にひらひらと振ってチョウチョウを表現。

両腕を真横に広げ、トンボになったつもり。

かかわりのポイント
● CDを使わず、保育者が歌ったり、ピアノを弾いたりして、子どもの様子に応じて速さを変えて楽しみます。
● 2歳後半は、少し動きをアレンジしてみましょう。
　「ちょうちょう」
　ゆっくり歩きからスピードを上げて走る動きへ、変化をつけてみる。
　「とんぼのめがね」
　歌詞の最後「♪とんだから」で両手を広げたまま、ぴたっと静止に挑戦。

経験してほしいこと・育つ力
● 速さを調整して走る
● 友達と同じあそびを楽しむ
● イメージしながらやり取りする楽しさを感じる

参考資料 保育所保育指針の関連内容
「第2章　保育の内容」
2　1歳以上3歳未満児の保育に関わるねらい及び内容
　ア 健康
　③ 走る、跳ぶ、登る、押す、引っ張るなど全身を使う遊びを楽しむ。
　エ 言葉
　⑤ 保育士等とごっこ遊びをする中で、言葉のやり取りを楽しむ。
　オ 表現
　④ 歌を歌ったり、簡単な手遊びや全身を使う遊びを楽しんだりする。

走る 走運動と関連する階段の上り下り

　歩行を獲得した子どもたちは、行動範囲を広げ、多様なかかわりを通して「話しことば」を獲得しはじめます。と同時に、認識能力も高まり、どんどん世界を広げていきます。さらに歩行が安定し、質的に高まってくる中で、2歳前後には身体が宙に浮く「走る」という動きが出現します。そのころに、追いかけ、追いかけられるあそびを楽しむことで、走る速さとリズムを調節できるようになっていきます。

　実は、走運動が質的に高まってくることと、階段の上り下りは深い関係があります。最初は、1段ずつ足をそろえながら上る「追い足」で上ります。次に、片足交互に体重を移動させながら上れるようになりますが、下りるときは「追い足」です。片足交互への体重移動がスムーズな走運動ができるようになると、下りるときも片足交互になります。

粗大運動 42

発達の目安 **2歳代**
●両足を交互に踏み出して階段を上る。　●走る。
●粘土や積み木などをほかの物に見立てる。
●「おいしい」「きれい」などの形容詞を使って表現する。

ビームを渡ろう

巧技台と組み合わせるビームは平均台と違って、高さが調節できます。

あそび A 巧技台のふたに接続された低いビームからスタートし、少しずつ高い位置の渡りに挑戦します。

最初は低いビームを横向きに歩きます。

次に、前方を向いて、足を入れ替えずに歩きます。ビームも高くしてみましょう。

最後は、足を交互に出してふだんと同じスタイルで歩きます。

あそび **B** 巧技台のふたに接続された2本のビームに、足を開いて乗り、前進します。安定感があるので、少し高さを加えて、どきどき感を楽しみましょう。絵本『三びきのやぎのがらがらどん』（福音館書店）のごっこあそびとして楽しむと、盛り上がります。

かかわりのポイント

- 保育者が片手を支えて援助するときは、子どもが自分自身でバランスをとりながら渡れるようにそっと手を貸します。
- 「下は谷だから落ちないようにね」「トロルにやっつけられて落ちないで」など、イメージを膨らませて楽しめるように工夫します。
- 高さへの不安感は個人差があるので、いろいろな高さのビームを用意します。マットも用意しておきましょう。

経験してほしいこと・育つ力

- バランス感覚
- 空間認識力
- 目と足の協応
- 渡りきる達成感
- つもりあそびを楽しむ

参考資料 保育所保育指針の関連内容

「第2章 保育の内容」
2 1歳以上3歳未満児の保育に関わるねらい及び内容
ア 健康
③ 走る、跳ぶ、登る、押す、引っ張るなど全身を使う遊びを楽しむ。
ウ 環境
② 玩具、絵本、遊具などに興味をもち、それらを使った遊びを楽しむ。
エ 言葉
⑤ 保育士等とごっこ遊びをする中で、言葉のやり取りを楽しむ。

粗大運動 43

発達の目安 **2歳代**
●つま先立ちになる。片足で立つ。
●20cm程度の高さなら両足をそろえて跳び下りる。
●「○○してから〜する」と、見通しをもった行動をとるようになる。

一緒にジャンプ！

子どもの「とびたい」という願いを後押しするあそびです。

あそび A

歌に合わせて、ひざを曲げるジャンプに挑戦してみます。体操の曲*には、必ずといっていいほど「ジャンプ」の動きが取り入れてあります。同じ体操を繰り返し楽しむ中で、跳ぶ動きを予測してわくわくしたり、保育者や友達と同じように動く楽しさを感じたりします。

かかわりのポイント
●中には床から足が離れずに、「ジャンプしているつもり」を楽しんでいる子もいます。また、関節の動きが不十分な子もいます。畳やマットを敷いた場所で行い、着地の衝撃に配慮しましょう。
＊お勧めの体操曲と収録CDタイトル
「エビカニクス」(「エビカニクス／ケロポンズ」カエルちゃん)
「たけのこ体操」「はとぽっぽ体操」
(「保存盤！ キッズたいそう ベスト12」日本コロムビア)

あそび B

保育者に両手を持って支えてもらいながら、巧技台やマットの山を跳び下りてみます。

かかわりのポイント
●子どものジャンプする姿に合わせて、少し浮かせるような形で援助をします。
●一人での跳び下りは、ひざや足首に負担がかかるので、できるだけ避けます。保育者間で役割を決め、注意しながら進めていきましょう。

経験してほしいこと・育つ力
●バランス感覚
●一瞬でも身体が床から離れる感覚
●ひざや足首の関節を使った着地

参考資料 保育所保育指針の関連内容
「第2章 保育の内容」
2 1歳以上3歳未満児の保育に関わるねらい及び内容
ア 健康
③ 走る、跳ぶ、登る、押す、引っ張るなど全身を使う遊びを楽しむ。
オ 表現
② 音楽、リズムやそれに合わせた体の動きを楽しむ。

粗大運動 44

発達の目安 **2歳代**
● つま先立ちになる。片足で立つ。
● 20cm程度の高さなら両足をそろえて跳び下りる。
● 「○○してから～する」と、見通しをもった行動をとるようになる。

「なこうか とぼうか」

跳ぶ動きを楽しむわらべうたあそびです。

あそび
① 7～10cmの高さの段差の先端に立ちます。
② 保育者が歌う「なこうか とぼうか」に合わせて、腕を前後に振り、ひざや足首を屈伸させます。
③ 歌が終わった後に、全身を伸ばすようにして、跳び下ります。

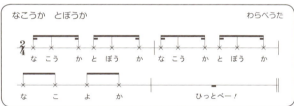

♪なこうか とぼうか……
なこよか

ひっとべー！

かかわりのポイント

● 怖さを感じないように、最初は低い段差の跳び下りから始めましょう。
● 保育者も一緒に身体を大きく屈伸させて、関節の屈伸を誘います。
● 足の親指で踏み込みながら跳ぶ経験ができるよう、「ぴょーん」と声をかけながら、保育者が全身を伸ばして跳ぶ姿を見せるようにするといいでしょう。

経験してほしいこと・育つ力

● しなやかに跳ぶ力
● 空間認識力
● 歌に合わせて身体を動かす楽しさを感じる

参考資料 保育所保育指針の関連内容

「第2章 保育の内容」
2 1歳以上3歳未満児の保育に関わるねらい及び内容
ア 健康
③ 走る、跳ぶ、登る、押す、引っ張るなど全身を使う遊びを楽しむ。
オ 表現
② 音楽、リズムやそれに合わせた体の動きを楽しむ。

粗大運動 **45**

発達の目安 **2歳代**
- ボディーイメージが高まり、身体の動きをコントロールしようとする。
- 「○○してから〜する」と、見通しをもった行動をとるようになる。
- 「おいしい」「きれい」などの形容詞を使って表現する。

ボールでバウンド

ボールへの興味や関心を高めるあそびが、3歳児期以降の運動につながります。

あそび　ドッジボールくらいの大きさのゴムボールにまたいで座ったり、腹ばいになって乗ったりして、バランスをとりながら身体を揺らします。

かかわりのポイント

- 腹ばいになるか、座るかは、子どもに任せますが、最初は、保育者が援助してバウンドの感覚を感じられるようにします。例えば、座って行う場合は、後ろから体側を支えたり、向かい合わせで両手を支えたりするといいでしょう。腹ばいの場合は、両手と両足指がしっかり床に着いているか確認して、上半身を支えます。

経験してほしいこと・育つ力
- イメージしながら、自分の身体をコントロールする
- バランス感覚

参考資料　保育所保育指針の関連内容

「第2章　保育の内容」
2　1歳以上3歳未満児の保育に関わるねらい及び内容
ア 健康
③ 走る、跳ぶ、登る、押す、引っ張るなど全身を使う遊びを楽しむ。
ウ 環境
② 玩具、絵本、遊具などに興味をもち、それらを使った遊びを楽しむ。

粗大運動 46

発達の目安　**2歳代**
- ボディーイメージが高まり、身体の動きをコントロールしようとする。
- 「○○してから〜する」と、見通しをもった行動をとるようになる。
- 「多い・少ない」「大きい・小さい」「長い・短い」などがわかる。
- 自分の気持ちを言葉で伝える。

「いもむし ごろごろ」

全身を動かして楽しむわらべうたあそびです。マットを使ってあそびます。

あそび
マットの上であおむけに寝て、「いもむしごろごろ」のわらべうたに合わせて、身体を左右に大きく反転させてあそびます。両手は頭上に伸ばします。慣れてきたら、別のマットを使ってなだらかな斜面を作り、ごろごろと転がる感覚を楽しみます。

いもむしごろごろ　　　　　わらべうた

いも　む　し　ご　ろ　ご　ろ　　ひょう　た　ん　ぽっ　く　り　こ

かかわりのポイント
- 平たんなマットの上で身体を左右に反転させる場合は、腰をひねる動きを伴います。子どもの様子に応じて援助し、腰を使って身体を回す感覚を楽しめるようにしましょう。
- 最後の「♪ぽっくりこ」で立ち上がる動きを加えても楽しいです。
- なだらかな斜面を転がるときは、必ず保育者がそばについて補助しましょう。また、子どもの表情や様子を見ながら進めていくことが大事です。

経験してほしいこと・育つ力
- 身体を回転させる感覚
- 空間認識力
- 歌に合わせて身体を動かす楽しさを感じる

参考資料　保育所保育指針の関連内容

「第2章　保育の内容」
2　1歳以上3歳未満児の保育に関わるねらい及び内容
ア　健康
③ 走る、跳ぶ、登る、押す、引っ張るなど全身を使う遊びを楽しむ。
ウ　環境
② 玩具、絵本、遊具などに興味をもち、それらを使った遊びを楽しむ。
オ　表現
④ 歌を歌ったり、簡単な手遊びや全身を使う遊びを楽しんだりする。

| 粗大運動 | 47 | 発達の目安 **2歳代** |

- ボディーイメージが高まり、身体の動きをコントロールしようとする。
- 「多い・少ない」「大きい・小さい」「長い・短い」などがわかる。
- 「おいしい」「きれい」などの形容詞を使って表現する。

動物まねっこ

全身を使っていろいろな動きに挑戦！
「つもり」が大好きな子どもたちにぴったりのあそびです。

あそび　ライオンやクマになっての高ばいや四つばい、ワニになってのずりばいなど、いろいろな動きに挑戦します。

かかわりのポイント

- お父さんライオン、子どもライオンなど、同じ動物でも高ばいになったり、四つばいになったりして、めりはりをつけて楽しみます。子どもたちが知っている動物になってみるのも楽しいです。
- 高ばいで移動する期間の短い子が多いので、あそびの中で高ばいでの移動を意識的に取り入れるといいでしょう。おしりを上げた状態で前を見て、しっかりと手指を開いて進めるように、それぞれの身体の動きをイメージしやすいような言葉をかけていきます。

経験してほしいこと・育つ力

- イメージしながら、自分の身体をコントロールする
- 保育者や友達と一緒に、つもりあそびを楽しむ

参考資料　保育所保育指針の関連内容

「第２章　保育の内容」
２　１歳以上３歳未満児の保育に関わるねらい及び内容
ア　健康
③ 走る、跳ぶ、登る、押す、引っ張るなど全身を使う遊びを楽しむ。
イ　人間関係
⑥ 生活や遊びの中で、年長児や保育士等の真似をしたり、ごっこ遊びを楽しんだりする。

粗大運動 48

発達の目安 2歳代
- 乗用玩具にまたがり、足を前後に動かして移動する。
- 地面に手をつけて片足を上げたり、またのぞきをしたりする。
- 粘土や積み木などをほかの物に見立てる。
- 自分の気持ちを言葉で伝える。

紙パックの車あそび

紙パックで作った車にまたがり、操作して楽しむあそびです。

あそび
紙パックで作った車にまたがり、ひざや足首、腰を使って前に進みます。車輪が付いていないので、前進するのに力が必要ですが、電車や車に見立てて友達と一緒にあそびます。

紙パックの車の作り方

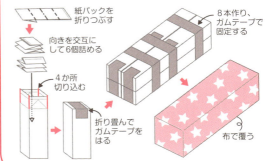

- 紙パックを折りつぶす
- 向きを交互にして6個詰める
- 4か所切り込む
- 折り畳んでガムテープをはる
- 8本作り、ガムテープで固定する
- 布で覆う

かかわりのポイント

- 紙パックを布で覆った物の側面に紙をはって窓を描くと、電車や車のイメージをもちやすく、盛り上がります。
- 床と接する面に紙ガムテープをはって滑りをよくすると、操作しやすくなります。子どもの様子やあそぶ場所に応じて、アレンジするといいでしょう。

経験してほしいこと・育つ力

- ひざや足首、腰を使って操作する
- 友達と一緒に、つもりあそびやごっこあそびを楽しむ

参考資料 保育所保育指針の関連内容

「第2章　保育の内容」
2　1歳以上3歳未満児の保育に関わるねらい及び内容
ア　健康
③ 走る、跳ぶ、登る、押す、引っ張るなど全身を使う遊びを楽しむ。
イ　人間関係
⑥ 生活や遊びの中で、年長児や保育士等の真似をしたり、ごっこ遊びを楽しんだりする。
ウ　環境
② 玩具、絵本、遊具などに興味をもち、それらを使った遊びを楽しむ。

49 粗大運動

発達の目安 2歳代
- 乗用玩具にまたがり、足を前後に動かして移動する。
- 地面に手をつけて片足を上げたり、またのぞきをしたりする。
- 順番がわかり、待とうとする。　●あいさつをする。

出発進行！

乗用玩具の操作を楽しみ、イメージを広げていきましょう。
アレンジ一つで、つもりあそびに展開していきます。

あそび A 好きな方向へ乗用玩具で移動してあそびます。保育者が踏切や信号機になって、「カンカンカン、踏切です。止まってください」「青信号になりました」などと指示する言葉に応じて、スピードを落としたり、止まったりしてコントロールすることを楽しみます。

かかわりのポイント
- 一人一人の育ちに沿って、かける言葉を工夫し、子どもが「わかった」という実感をもてるように配慮します。
- まだ周囲の状況を見ながら自分の動きを調整することは難しいので、ぶつからないよう、広い場所であそびましょう。
- つもりあそびよりも、乗用玩具を操作することに集中して楽しむ子もいるので、一人一人のあそびに応じた配慮も大切です。

経験してほしいこと・育つ力
- 言葉と動作の一致
- 身体の動きをコントロールする力
- つもりあそびを楽しむ

参考資料 保育所保育指針の関連内容

「第2章　保育の内容」
2　1歳以上3歳未満児の保育に関わるねらい及び内容
ア 健康
③ 走る、跳ぶ、登る、押す、引っ張るなど全身を使う遊びを楽しむ。
ウ 環境
② 玩具、絵本、遊具などに興味をもち、それらを使った遊びを楽しむ。
エ 言葉
⑤ 保育士等とごっこ遊びをする中で、言葉のやり取りを楽しむ。

あそび B 巧技台の斜面で乗用玩具を押したり、乗ったままで上り下りしたり、少し凸凹のある所を進んだりして、少し難しい操作に挑戦します。

かかわりのポイント

- 土を少し盛ったり、巧技台で坂道を作ったりして、凹凸のある所や少し高さのある所を走る楽しさが感じられるようにします。
- 斜面を下りるときに体勢を崩さないよう、注意して見守りましょう。

あそび C 園庭を散歩道に見立てて、乗用玩具に乗って出かけるイメージで再現あそびを楽しんだり、友達と並んで同じスピードで走らせたり、列になって走らせたり、友達と一緒に楽しみます。

かかわりのポイント

- 段ボール板と色画用紙で作った信号機を三角コーンに立てて設置したり、ジャングルジムをビルに見立てたりして、町の雰囲気作りを工夫してみましょう。
- スピードを出したり、並んだりして走らせることが十分にできるように、広いスペースを確保します。
- 中にはまだ自分のペースであそびたい子や、後ろからついてきてほしくない子もいるので、一人一人が楽しめるような配慮も大事です。

経験してほしいこと・育つ力

- ひざを使ってこぐ力
- 体勢や速さをコントロールする力
- 少し難しいことに挑戦する意欲や「できた」という達成感
- 友達とイメージを共有する
- 言葉を使ってやり取りを楽しむ

| 粗大運動 | **50** | 発達の目安 **2歳代** |

- ボールを投げたり、けったりする。
- 「多い・少ない」「大きい・小さい」「長い・短い」などがわかる。
- 自分の気持ちを言葉で伝える。

ボールあそび3つ

身体の動きをコントロールできるようになった子どもたちが楽しむ、3種類のボールあそびです。

あそび A 保育者を相手に両手で転がしたり、片手で上手投げをしたりします。

「先生にちょうだい 1・2の3」

「耳の横から投げてごらん」

かかわりのポイント

- 子どもが転がそうとするとき、「先生にちょうだい、1、2の3」などと声をかけ、ボールを介したやり取りの楽しさを味わえるよう配慮します。
- 片手で持てるボール*は、耳の横からの上手投げを、大きめのボールは両手で転がすあそびを楽しめるよう、言葉をかけていきます。
- 子どもの姿に合わせて、保育者が立ったり、座ったりして、手首を動かしやすいように配慮しましょう。

*ナガセケンコーの「ケンコー ソフティボール」は、小さな子どもにも扱いやすい感触です。

参考資料 保育所保育指針の関連内容

「第2章 保育の内容」
2　1歳以上3歳未満児の保育に関わるねらい及び内容
ア 健康
③ 走る、跳ぶ、登る、押す、引っ張るなど全身を使う遊びを楽しむ。
イ 人間関係
② 保育士等の受容的・応答的な関わりの中で、欲求を適切に満たし、安定感をもって過ごす。

あそび B すべり台や築山のような坂の下から上に向かってボールを転がし、落ちてくるボールを受け止めます。

「すごい、すごい。もっとよいしょって転がしてごらん」

かかわりのポイント
- 転がしたボールが、どんな方向から、どのくらいの勢いで戻ってくるのかを試すことで、もっとまっすぐに転がしたいと手を巧みに使うようになったり、転がすときの力の入れ具合によって速さが変わることを感じたりするので、子どもの様子に応じた言葉をかけましょう。
- 段ボール箱のトンネルや、保育者の足の間など、平たんな所を転がすあそびも楽しめるように工夫して、ボールを投げることへの興味や意欲をはぐくみます。

あそび C 静止したボールをけってあそびます。慣れてきたら、目標物を決めてけったり、保育者と1対1でやり取りをしたりして、楽しみます。

かかわりのポイント
- ボールが足に当たりやすいように、少し大きめのボールを用意します。
- ボールと自分の足との距離感を自分なりにつかんでいけるように、繰り返しあそぶ機会を作ります。

経験してほしいこと・育つ力
- 追視する力
- 目と手や足の協応
- 手首のコントロール力
- 「できた」という達成感

ウ 環境
② 玩具、絵本、遊具などに興味をもち、それらを使った遊びを楽しむ。

| 粗大運動 | 51 |

発達の目安 **3歳代**
- 「〜しながら○○する」動きに挑戦し、3歳半以降で「〜しながら○○する」動きが可能になる。
- 両足で連続して跳ぶ。
- 利き手がほぼ定まってくる。
- 上下、前後がわかる。
- おしゃべりが盛んになる。

ジャンプ＆タッチ

少し難しい跳ぶあそびに挑戦！　一人一人の達成感を大事に進めましょう。

あそび　巧技台や跳び箱の上からジャンプし、保育者が持つタンブリンにタッチして下ります。

かかわりのポイント

- ビニールテープでタンブリンに目や口をはって顔を作ると、盛り上がります。
- 個人差を考慮し、一人一人に合わせて高さを変え、無理がないように気をつけましょう。
- 着地の際の衝撃を和らげるために、マットを敷いて行いましょう。

経験してほしいこと・育つ力

- 目と手、足、胴体の協応性
- 足首やひざの柔軟性
- 挑戦してみようとする意欲
- 「できた」という達成感

参考資料　保育所保育指針の関連内容

「第2章　保育の内容」
2　1歳以上3歳未満児の保育に関わるねらい及び内容
ア 健康
③ 走る、跳ぶ、登る、押す、引っ張るなど全身を使う遊びを楽しむ。
イ 人間関係
② 保育士等の受容的・応答的な関わりの中で、欲求を適切に満たし、安定感をもって過ごす。
ウ 環境
② 玩具、絵本、遊具などに興味をもち、それらを使った遊びを楽しむ。

粗大運動 52

発達の目安　3歳代
- 「〜しながら○○する」動きに挑戦し、3歳半以降で「〜しながら○○する」動きが可能になる。
- 両足で連続して跳ぶ。
- 経験したことをよく覚えている。
- イメージしたことや感じたことを言葉で伝える。

丸太の跳び越し

障害物を跳び越すあそびです。運動会プログラムとしても楽しめます。

あそび
新聞紙や段ボール紙を巻いて作った丸太状の障害物を連続して跳び越します。

かかわりのポイント
- リズミカルに跳び越せるよう、丸太の間隔に気をつけましょう。
- 子どもの様子に応じて、並べる数も調整します。最初に「何本にしますか？」と子どもに尋ねてみるといいでしょう。子ども自身が目標を定めることで、やりきる達成感が高まり、さらに挑戦する意欲も高まります。
- 最初は低めの物から始め、慣れてきたら、高い物と低い物を混ぜて並べると楽しいです。
- 「○○のつもりになってみよう」と誘うなど、楽しい雰囲気の中で挑戦していけるようにしましょう。

経験してほしいこと・育つ力
- 目と足、胴体の協応性
- イメージしてあそぶ
- 目標を定め、やりきる達成感

参考資料　保育所保育指針の関連内容

「第2章　保育の内容」
2　1歳以上3歳未満児の保育に関わるねらい及び内容
ア　健康
③　走る、跳ぶ、登る、押す、引っ張るなど全身を使う遊びを楽しむ。
イ　人間関係
②　保育士等の受容的・応答的な関わりの中で、欲求を適切に満たし、安定感をもって過ごす。
エ　言葉
⑦　保育士等や友達の言葉や話に興味や関心をもって、聞いたり、話したりする。

| 粗大運動 | 53 |

発達の目安 **3歳代**
- 「〜しながら○○する」動きに挑戦し、3歳半以降で「〜しながら○○する」動きが可能になる。
- 両足で連続して跳ぶ。
- 上下、前後がわかる。
- たくさんの丸を描いたり、頭足人を描きはじめたりする。
- イメージしたことや感じたことを言葉で伝える。

ジャンプ＆ジャンプ

いろいろな跳ぶあそびを友達と一緒に楽しみます。

あそび A ウサギになったつもりで、両足をそろえ、両手で長い耳を作り、保育者の「ぴょんぴょん」という言葉や、歌に合わせて、跳びながら前進します。

かかわりのポイント

- 3歳前半の子どもにとっては、両手を上げながらのジャンプが難しい場合もあります。「できる・できない」ではなく、「しようとする」子どものつもりを大事にします。
- 足首を滑らかに動かせるよう、つま先立ちをして、かかとを上下させて跳んだり、ひざの力を抜いて軽く跳んだりする姿を見せます。

参考資料 保育所保育指針の関連内容

「第2章　保育の内容」
2　1歳以上3歳未満児の保育に関わるねらい及び内容
ア　健康
③ 走る、跳ぶ、登る、押す、引っ張るなど全身を使う遊びを楽しむ。
イ　人間関係
② 保育士等の受容的・応答的な関わりの中で、欲求を適切に満たし、安定感をもって過ごす。

あそび B 直径30〜40cm程度のフープや、ホースで作った輪が並んでいる所を、輪が1個の場合は足をそろえて、2個の場合は両足を開いて、順に進んでいきます。

かかわりのポイント

- 最初だけ「トントンパ」と言いながら保育者が跳んで見せたり、一人一人の動きに合わせて「トントンパ」と声をかけたりして、リズミカルな動きになるよう援助します。
- 連続跳びにならなくても構いません。1回ごとの踏み込みが大事です。
- スタートとゴールを決めて、混乱しないように気をつけましょう。
- 平均台を歩いたり、凸凹の巧技台を渡ったり、いろいろな動きを楽しむサーキットあそびの一つとして取り入れると楽しいです。

経験してほしいこと・育つ力

- 全身の操作性
- 目と足、胴体の協応性
- 全身のリズミカルな動きを楽しむ
- 友達とつもりあそびを楽しむ

ウ 環境
② 玩具、絵本、遊具などに興味をもち、それらを使った遊びを楽しむ。
エ 言葉
⑤ 保育士等とごっこ遊びをする中で、言葉のやり取りを楽しむ。

粗大運動 54

発達の目安 **3歳代**
- 「〜しながら○○する」動きに挑戦し、3歳半以降で「〜しながら○○する」動きが可能になる。
- その場で片足跳びをする。　●利き手がほぼ定まってくる。
- 新しくできるようになったことは、どこまでも自分でしようとする。
- イメージしたことや感じたことを言葉で伝える。

けんけんジャンプ

片足跳びに挑戦！　楽しみながら回数を増やしていきます。

あそび
最初は保育者のまねをして、1、2回片足で跳んでは足を着くあそびを繰り返しながら、徐々に片足跳びの回数を増やしていきます。

かかわりのポイント
- 子ども同士がぶつからないよう、広い場所で行います。
- 片足跳びで進める子もいれば、その場でのけんけんを楽しむ子もいて、発達差があります。例えば、「オバケなんてないさ」（作詞／まき みのり　作曲／峯陽）のようなリズミカルでイメージしやすい歌をうたいながら行うなど、それぞれのけんけんジャンプが楽しめるように配慮します。

経験してほしいこと・育つ力
- 全身の操作性やバランス感覚
- 目と足、胴体の協応性
- 全身のリズミカルな動きを楽しむ

参考資料　保育所保育指針の関連内容

「第2章　保育の内容」
2　1歳以上3歳未満児の保育に関わるねらい及び内容
ア　健康
③ 走る、跳ぶ、登る、押す、引っ張るなど全身を使う遊びを楽しむ。
イ　人間関係
② 保育士等の受容的・応答的な関わりの中で、欲求を適切に満たし、安定感をもって過ごす。
オ　表現
② 音楽、リズムやそれに合わせた体の動きを楽しむ。

跳ぶ 子どもが跳び下りたがるのには「ワケ」がある

　二足歩行の獲得が走運動へ、そして走運動の獲得が跳運動へつながります。とはいえ、人間の運動発達には順序性と並列性がありますので、二足歩行を学習しつつ、その学習の途中から走運動が、走運動を学習しつつ、その途中から跳運動が出現してきます。跳運動は、足首、ひざ、腰の各関節の曲げ伸ばしと足の裏の力の入れ具合、さらに両手の動きを伴う上半身の動きを連動させる必要があります。それらがスムーズにできるようになるには、各年齢に応じて、各関節の曲げ伸ばしと全身の動かし方を学習していく必要があります。

　つかまり立ちの際の全身を上下動させての足首とひざの曲げ伸ばしに始まり、二足歩行の際の足首とひざの曲げ伸ばし、腰を落としてのその場での両足跳び、そして高さのある所からの跳び下りへとつながります。「フワ〜ッと跳んでごらん」のことばに合わせて何度も跳び下りることで、着地の際の足首、ひざ、腰の関節の使い方を学習し、衝撃を和らげる「降下緩衝能（こうかかんしょうのう）」が身につきます。言い換えれば、この「降下緩衝能」が身につく時期だから、子どもたちは跳び下りたがるのです。そして、この能力が身につくことで走運動が巧みになります。

粗大運動 55

発達の目安 **3歳代**
- 抵抗のある場所を、バランスをとりながら歩くことを好む。
- 上下、前後がわかる。
- イメージしたことや感じたことを言葉で伝える。

空き缶の缶ポックリ

歩くだけではなく、障害物をまたいだり、走ってみたり、ジャンプしてみたり、いろいろな楽しみ方が体験できます。

あそび 低めの空き缶で作った缶ポックリで園庭を歩いてあそびます。慣れてきたら、ちょっとした段差を越えたり、その場でジャンプしたりして楽しみます。

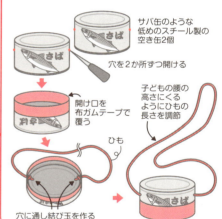

缶ポックリの作り方
- サバ缶のような低めのスチール製の空き缶2個
- 穴を2か所ずつ開ける
- 開け口を布ガムテープで覆う
- 穴に通し結び玉を作る
- 子どもの腰の高さにくるようにひもの長さを調節
- ひも

かかわりのポイント

- 一人一人、持ち手の長さが違うので、間違えないように、油性フェルトペンでマークや名前を書いておくといいでしょう。
- 子どもの様子に応じて、障害物を置いたり、ジャンプに誘ったりして、あそびが広がるよう配慮します。

経験してほしいこと・育つ力
- 全身の操作性やバランス感覚
- 少し難しいことに挑戦してみようとする意欲
- 「できた」という達成感

参考資料 保育所保育指針の関連内容

「第2章 保育の内容」
2　1歳以上3歳未満児の保育に関わるねらい及び内容
ア 健康
③ 走る、跳ぶ、登る、押す、引っ張るなど全身を使う遊びを楽しむ。
イ 人間関係
② 保育士等の受容的・応答的な関わりの中で、欲求を適切に満たし、安定感をもって過ごす。
ウ 環境
② 玩具、絵本、遊具などに興味をもち、それらを使った遊びを楽しむ。

粗大運動	**56**	発達の目安 **3歳代**

- 支えなしで足を交互に出して階段を上り下りする。
- 相手の動きや空間に合わせて、身体の動きを制御する。
- 簡単なルールを理解してあそぶ。
- 相手の気持ちや状況に「だいじょうぶ？」と気遣う言葉を言う。

一緒に走ろう

走運動をみんなで楽しむあそびです。走る楽しさが膨らみます。

あそび
園庭や公園などの広い場所で、保育者の指示を聞きながら、目標物まで友達と一緒に走ります。簡単なルールを守ってあそぶ楽しさや走る気持ちよさを感じます。

かかわりのポイント
- 園庭や公園の固定遊具を目標物にして、「ブランコまで走るよ」と声をかけたり、「○○ちゃんの所まで走るよ」と提案したりして、簡単なルールに従って走るおもしろさを体験できるように工夫します。
- 目標物に向かって一緒に走り、戻ってくる際に、ひじを曲げて腕を前後に大きく振ることを教えると、走りが速く、ダイナミックになっていきます。

経験してほしいこと・育つ力
- 全身の操作性やバランス感覚
- 保育者や友達と一緒に走るおもしろさを味わう
- 簡単なルールを理解して守ろうとする

参考資料 保育所保育指針の関連内容

「第2章　保育の内容」
2　1歳以上3歳未満児の保育に関わるねらい及び内容
ア　健康
③　走る、跳ぶ、登る、押す、引っ張るなど全身を使う遊びを楽しむ。
イ　人間関係
④　保育士等の仲立ちにより、他の子どもとの関わり方を少しずつ身につける。
エ　言葉
⑥　保育士等を仲立ちとして、生活や遊びの中で友達との言葉のやり取りを楽しむ。

粗大運動	**57**

発達の目安 3歳代
● 相手の動きや空間に合わせて、身体の動きを制御する。
● 少人数の友達とのごっこあそびでは、自分の役割を理解して楽しむ。
● おしゃべりが盛んになる。

遠足ごっこ

遠足に行ったつもりあそびの中で、いろいろな姿勢を楽しみます。

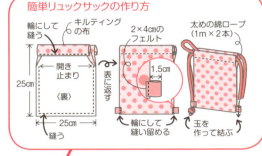
簡単リュックサックの作り方

あそび

一人一人がリュックサックを背負って、高ばいでマットの山を越えるあそびです。小さなぬいぐるみやお気に入りのおもちゃをリュックサックに入れて、「遠足に行こう」とやり取りしながら、マットの山を越えます。高ばい姿勢になり、おしりが頭や肩より上がることで逆さ感覚を体験します。背中のリュックサックが頭に当たるので、逆さ感覚をより意識するでしょう。

かかわりのポイント

● マットの山は、跳び箱などを土台にして、高めに作り、高ばいの上り下りを誘います。平均台を高ばいで乗り越えるあそびも逆さ感覚を味わえます。乗り越えるとき、前方に着いた両手指の指先は、まっすぐ前か、やや内側に向いているほうがひじへの負担が少ないです。外に向きすぎていないか、確認しましょう。
● つもりあそびが大好きな時期なので、マットの山だけではなく、床にビニールテープでくねくね曲がる道や、エアパッキングを敷いた凸凹道を作って、遠足気分を盛り上げましょう。

経験してほしいこと・育つ力
● 全身の操作性
● 頭が肩より下がる逆さ感覚
● 友達と一緒につもりあそびを楽しむ

参考資料 保育所保育指針の関連内容

「第2章 保育の内容」
2 1歳以上3歳未満児の保育に関わるねらい及び内容
ア 健康
③ 走る、跳ぶ、登る、押す、引っ張るなど全身を使う遊びを楽しむ。
イ 人間関係
⑥ 生活や遊びの中で、年長児や保育士等の真似をしたり、ごっこ遊びを楽しんだりする。
ウ 環境
② 玩具、絵本、遊具などに興味をもち、それらを使った遊びを楽しむ。

| 粗大運動 | 58 |

発達の目安　**3歳代**
- 抵抗を押し切って歩き続けようとする。
- 相手の動きや空間に合わせて、身体の動きを制御する。
- 好きな友達との間で、貸し借りや、順番、交替をするようになる。
- イメージしたことや感じたことを言葉で伝える。

かいじゅうをやっつけろ

鉄棒に掛けたマットをかいじゅうに見立てて、やっつけるあそびです。

あそび

鉄棒にマットを掛けて、押しながらマットの向こう側へくぐるあそびです。マットをかいじゅうやおにに見立て、力いっぱい前方へ押しながら前進する動きを楽しみます。

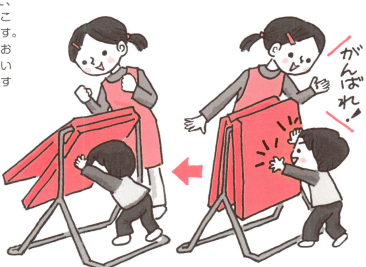

かかわりのポイント

- 重いマットではなく、薄手のマットを使いましょう。
- 前進するほうに、ほかの子どもが立たないよう、1人の保育者は必ずマットの向こう側に立ちます。また、室内用の鉄棒なので、子どもが押したときに鉄棒自体が動かないよう、保育者が押さえておくといいでしょう。

経験してほしいこと・育つ力

- 全身の操作性
- つもりになって楽しむ
- やりきる達成感

参考資料　保育所保育指針の関連内容

「第2章　保育の内容」
2　1歳以上3歳未満児の保育に関わるねらい及び内容
ア 健康
③ 走る、跳ぶ、登る、押す、引っ張るなど全身を使う遊びを楽しむ。
イ 人間関係
⑥ 生活や遊びの中で、年長児や保育士等の真似をしたり、ごっこ遊びを楽しんだりする。
ウ 環境
② 玩具、絵本、遊具などに興味をもち、それらを使った遊びを楽しむ。

粗大運動 **59**

発達の目安 **3歳代**
- 支えなしで足を交互に出して階段を上り下りする。
- 相手の動きや空間に合わせて、身体の動きを制御する。
- 好きな友達との間で、貸し借りや、順番、交替をするようになる。
- 自分のことや、自分ですることを「ぼく」「わたし」「じぶんで」「ひとりで」と言う。

サーキットあそび

いろいろな遊具を使って、さまざまな動きを楽しめるあそびです。

あそび ホールのような広い場所や園庭で、巧技台の箱渡り（平均台の代用）や、はしご、トンネルなどへ順番に歩いたり、走ったりして移動し、それぞれ跳んだり、くぐったり、渡ったりしてあそびます。

共通したイメージで楽しめるよう、「○○遊園地」とか「△△公園」などとサーキットに名前をつけよう。

参考資料 保育所保育指針の関連内容

「第2章　保育の内容」
2　1歳以上3歳未満児の保育に関わるねらい及び内容
ア 健康
③ 走る、跳ぶ、登る、押す、引っ張るなど全身を使う遊びを楽しむ。
ウ 環境
② 玩具、絵本、遊具などに興味をもち、それらを使った遊びを楽しむ。

かかわりのポイント

- 順番に連続して動いていけるよう、遊具と遊具の間隔に注意し、いちばん動きやすい距離を探ることが大事です。遊具同士が離れすぎたり、カーブがきついと、子どもは次の目標を見失ってしまうので、配置については、いろいろ試してみるとよいでしょう。
- 保育者も一緒にやって、楽しい様子を見せたり、さりげなく子どもに手を貸せる位置に立ったりして、子どもの意欲や達成感を高められるように配慮しましょう。
- 子どもの様子に応じて、例えば、鉄棒にぶら下がる動きや、平均台を乗り越えるあそび（P.86で紹介）など、サーキットの内容を変えて、あそびに変化をつけてみるのもいいでしょう。

鉄棒をしっかりと握れるように、親指を下にした握り方を知らせる。

経験してほしいこと・育つ力

- 全身の操作性
- 挑戦してみようという意欲
- 友達と一緒につもりあそびを楽しむ

オ 表現
⑤ 保育士等からの話や、生活や遊びの中での出来事を通して、イメージを豊かにする。

粗大運動 60

発達の目安 **3歳代**
● 相手の動きや空間に合わせて、身体の動きを制御する。
● 好きな友達との間で、貸し借りや、順番、交替をするようになる。
● 相手の言い分を理解する。

ジャングルジム探検隊

「高い所まで上っているお兄さんたちみたいにあそんでみたい」。
そんな子どもたちの思いにこたえるジャングルジムのあそびです。

あそび
探検隊のつもりで、狭い空間での身体の移動に挑戦します。例えば、ジャングルジムの2段目くらいの高さまで上り下りしたり、同じ高さで横に移動したりしてみます。高い所での上り下りに不安がある子は、下の段をくぐったり、またいだり、ジグザグに進んだりしてみます。

かかわりのポイント
● 「ジャングルジムの中を歩いていけるかな?」「くぐっていけるかな?」「先生の所までおいで」などと声をかけ、ジャングルジムと自分の身体との距離や空間を感じながら、上ったり、くぐったりしていけるように配慮します。
● 上り下りや横移動の際には、力を入れて握れるように、親指を下にして握ることを知らせ、そばで見守ります。
● 姿勢を変えるコツをわかりやすい言葉で簡潔に伝えられるよう工夫しましょう。

経験してほしいこと・育つ力
● 全身の操作性やコントロールする力
● 両手両足の協応力
● 空間認識力
● 挑戦してみようという意欲

参考資料 保育所保育指針の関連内容

「第2章 保育の内容」
2 1歳以上3歳未満児の保育に関わるねらい及び内容
ア 健康
③ 走る、跳ぶ、登る、押す、引っ張るなど全身を使う遊びを楽しむ。
ウ 環境
② 玩具、絵本、遊具などに興味をもち、それらを使った遊びを楽しむ。
エ 言葉
⑦ 保育士等や友達の言葉や話に興味や関心をもって、聞いたり、話したりする。

| 粗大運動 | 61 |

発達の目安　**3歳代**
- 相手の動きや空間に合わせて、身体の動きを制御する。
- 利き手がほぼ定まってくる。
- 簡単なルールを理解してあそぶ。
- イメージしたことや感じたことを言葉で伝える。

的投げ

おばけを的にして、やっつけるつもりでねらって投げるあそびです。
友達と一緒にルールのあるあそびを楽しみます。

あそび　鉄棒にマットを掛け、マットに向かってボールを投げてあそびます。的のおばけやおにの顔をめがけてボールを投げる的当てあそびです。

この線から投げてみようか

かかわりのポイント
- ボールは片手でつかみやすい大きさが適当です。新聞紙を丸めてビニールテープで形を整えた新聞紙ボールや、タオルを丸めたタオルボールでも代用できます。
- 繰り返しあそぶ中で、ボールを投げる位置をビニールテープやフープで決めて、少しずつ難易度を上げていくのも楽しいです。

経験してほしいこと・育つ力
- コントロール力
- 空間認識力
- ルールを理解して楽しむ

参考資料　保育所保育指針の関連内容

「第2章　保育の内容」
2　1歳以上3歳未満児の保育に関わるねらい及び内容
ア　健康
③　走る、跳ぶ、登る、押す、引っ張るなど全身を使う遊びを楽しむ。
ウ　環境
③　身の回りの物に触れる中で、形、色、大きさ、量などの物の性質や仕組みに気付く。
エ　言葉
⑥　保育士等を仲立ちとして、生活や遊びの中で友達との言葉のやり取りを楽しむ。

| 粗大運動 | 62 |

発達の目安 **3歳代**
●相手の動きや空間に合わせて、身体の動きを制御する。
●簡単なルールを理解してあそぶ。
●イメージしたことや感じたことを言葉で伝える。

イモ掘りごっこ

跳び縄と水が入ったペットボトルを使ったつもりあそびです。

あそび

水が入った大きめのペットボトル（1〜2リットル入り）に跳び縄を結び付けた物を何本も作り、段ボール箱に入れて、縄だけを出しておきます。段ボール箱は横に倒し、サツマイモに見立てます。ペットボトルにつながっている縄をイモのツルに見立てて引っ張ります。

かかわりのポイント

●ペットボトルに入れる水の量を変えて、いろいろな重さを作っておくとよいでしょう。また、色水を使ってサツマイモっぽくするのも雰囲気が盛り上がります。
●保育者も一緒に引っ張って、腕だけで引っ張るのではなく、腰を落とす姿勢を伝えましょう。

経験してほしいこと・育つ力

●全身の操作性やコントロールする力
●腕力と握力
●友達とつもりあそびを楽しむ

参考資料 保育所保育指針の関連内容

「第2章　保育の内容」
2　1歳以上3歳未満児の保育に関わるねらい及び内容
ア　健康
③　走る、跳ぶ、登る、押す、引っ張るなど全身を使う遊びを楽しむ。
エ　言葉
⑤　保育士等とごっこ遊びをする中で、言葉のやり取りを楽しむ。
オ　表現
⑤　保育士等からの話や、生活や遊びの中での出来事を通して、イメージを豊かにする。

| 粗大運動 | **63** |

発達の目安　**3歳代**
- 相手の動きや空間に合わせて、身体の動きを制御する。
- 上下、前後がわかる。　●簡単なルールを理解してあそぶ。
- イメージしたことや感じたことを言葉で伝える。

おうちあそび

跳び縄に親しむあそびです。友達と一緒に楽しみます。

あそび　床に置いた跳び縄で保育者が円を作り、「おうち」に見立て、子どもたちを誘います。縄を2本つないで大きなおうちから始めましょう。だんだん輪を小さくしながら、それでもみんなで入れるか、試して楽しみます。

かかわりのポイント
- 最初はしゃがんで、立って、片足で立ってと、いろいろな姿勢や、入り方に挑戦してみましょう。試すことを楽しむあそびなので、子どもの発想を尊重しながらあそびを進めていくことが大事です。

経験してほしいこと・育つ力
- バランス感覚
- 空間認識力
- 友達とつもりあそびを楽しむ

参考資料　保育所保育指針の関連内容

「第2章　保育の内容」
2　1歳以上3歳未満児の保育に関わるねらい及び内容
ア 健康
③ 走る、跳ぶ、登る、押す、引っ張るなど全身を使う遊びを楽しむ。
ウ 環境
② 玩具、絵本、遊具などに興味をもち、それらを使った遊びを楽しむ。
エ 言葉
⑤ 保育士等とごっこ遊びをする中で、言葉のやり取りを楽しむ。
オ 表現
⑤ 保育士等からの話や、生活や遊びの中での出来事を通して、イメージを豊かにする。

粗大運動 **64**

発達の目安 **3歳代**
● 三輪車のペダルを踏んで動かす。
● 好きな友達との間で、貸し借りや、順番、交替をするようになる。
● 「あとで」の意味を理解し、使おうとする。

三輪車に乗って

2歳児のあこがれの遊具、三輪車のあそびを2ステップ紹介します。

 Step 1 三輪車にまたがり、地面を足でけって移動することを楽しみます。次第に、ペダルをこぐことを意識して、ペダルに足を置いてこいでみることに挑戦します。

かかわりのポイント

● 自分で興味をもって、やってみようとしている気持ちを大事にして、子ども自身が満足するまで試していけるように見守りましょう。三輪車に集中して、周囲へ注意が向かないことが多いので、安全面に注意が必要です。

● 「じぶんで」の思いが強いので、すぐにこぎ方などを知らせるのではなく、子ども自身が試しながら取り組めるように援助をしていきます。

● 子どもの動きに応じて、「またぐ」「乗る」「押す」「こぐ」「降りる」「ける」などの言葉をかけるようにしましょう。動きと言葉の意味がつながっていきます。

参考資料 保育所保育指針の関連内容

「第2章　保育の内容」
2　1歳以上3歳未満児の保育に関わるねらい及び内容
ア 健康
③ 走る、跳ぶ、登る、押す、引っ張るなど全身を使う遊びを楽しむ。
イ 人間関係
② 保育士等の受容的・応答的な関わりの中で、欲求を適切に満たし、安定感をもって過ごす。

Step 2 スムーズに三輪車をこげるようになったら、三輪車を車やバイクに見立てて、ガソリンスタンドでの給油や洗車の様子を再現してあそびます。段ボール箱で給油機を作り、まずは保育者が店の人を演じて、やり取りを楽しみましょう。

給油機の作り方

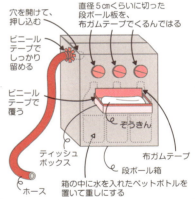

- 穴を開けて、押し込む
- 直径5㎝くらいに切った段ボール板を、布ガムテープでくるんではる
- ビニールテープでしっかり留める
- ビニールテープで覆う
- ぞうきん
- ホース
- ティッシュボックス
- 布ガムテープ
- 段ボール箱
- 箱の中に水を入れたペットボトルを置いて重しにする

かかわりのポイント

- あそんでいるうちに店の人をやりたがる子も出てきます。保育者はあそびの展開に応じたかかわり方を考えましょう。
- 白線や三角コーンで駐車スペースを作っておくといいでしょう。駐車することを繰り返し楽しみ、あそびが広がります。

経験してほしいこと・育つ力

- 全身の操作性やコントロールする力
- 言葉を理解し、身体を動かす
- やってみようとする意欲や「できた」という達成感
- ごっこあそびの中で言葉のやり取りを楽しむ

ウ 環境
② 玩具、絵本、遊具などに興味をもち、それらを使った遊びを楽しむ。
エ 言葉
⑤ 保育士等とごっこ遊びをする中で、言葉のやり取りを楽しむ。

| 粗大運動 | 65 |

発達の目安 **3歳代**
● 相手の動きや空間に合わせて、身体の動きを制御する。
● 上下、前後がわかる。　● 簡単なルールを理解してあそぶ。
● 相手の気持ちや状況に「だいじょうぶ？」と気遣う言葉を言う。

新聞紙のボール運び

ボールと新聞紙を使うあそびです。運動会プログラムとしても楽しめます。

あそび
1枚の新聞紙を大きく広げて、その上にボールを乗せて、友達と2人で持ち、ボールを落とさないように運びます。

かかわりのポイント
● 友達と同じあそびをしたがる時期です。速さを競ったり、ゴールを決めたりせずに、ただ同じあそびを楽しむ雰囲気を大事にしましょう。
● 相手と歩調を合わせられるように、「いち、に、いち、に」「ゆっくりね」と声をかけて援助します。

経験してほしいこと・育つ力
● 身体の動きをコントロールする
● 友達の歩調に合わせて進む
● 「できた」という達成感

参考資料 保育所保育指針の関連内容

「第2章　保育の内容」
2　1歳以上3歳未満児の保育に関わるねらい及び内容
ア 健康
③ 走る、跳ぶ、登る、押す、引っ張るなど全身を使う遊びを楽しむ。
イ 人間関係
④ 保育士等の仲立ちにより、他の子どもとの関わり方を少しずつ身につける。
ウ 環境
② 玩具、絵本、遊具などに興味をもち、それらを使った遊びを楽しむ。

微細運動

「運動あそび」は、全身を動かす大きな動きのあそびだけではありません。手指の動きを楽しむ「微細運動」も運動あそびの一つです。微細運動は、手指の操作性を高め、認知の発達にも深いかかわりがあるといわれています。粗大運動との関連を意識しながら、手指を使う活動を紹介します。

発達の目安 **0歳前半頃**
- 自分の手に興味を示し、じっと見つめたり、なめたりする。
- 物や人が視界に入るとじっと見る。（注視）
- 「あっあっ」など、泣き声とは違った声（クーイング）を発する。

あおむけのあそび

寝返り前のあそびです。保育者にあやしてもらう心地よさを通して、周囲への興味を高めていきます。

あそび A 保育者が持つおもちゃをじっと見て、触ろうとします。

かかわりのポイント
- おもちゃは、あおむけに寝ている子どもの正面から、子どもの名前を呼び、目を見ながら、子どもの胸元の上30cmくらいの所で見せ、子どもが触ろうと手を伸ばすのを待ちます。
- おもちゃは、軽くて柔らかい感触の物や、音がする物がいいでしょう。

あそび B プレイジムのおもちゃが揺れて動くのを追視したり、触ろうと腕を伸ばしたりします。

かかわりのポイント
- 子どもが注視している物から揺らすなど、子どもの動きに応答的にかかわりながら、追視を促しましょう。
- 言葉をかけながら働きかけると、「あーあー」と声を出すことがあります。子どもの発声にこたえるように「あーあー」と同じように返すなど、声のやり取りも楽しみましょう。

あそび C

あおむけの姿勢で、天井から下がるおもちゃをじっと見たり、揺れる動きを追視したり、触ろうと腕を伸ばしたりします。

かかわりのポイント

- 物をしっかり見る力の発達を促すために、おもちゃと子どもの目の距離は30cmくらい離れるように設置します。つるす場所が取りにくい場合は、保育者が手でつり下げて、あそんでもかまいません。
- つりおもちゃは、色彩の豊かな物や、柔らかな素材を選び、鈴など音が出る工夫をして、子どもの興味を高めましょう。
- 「ぶーぶーぶー」など、わらべうたに合わせて動かすのも楽しいです。

段ボール紙にフェルトをはった動物の顔。目が付いていると注視しやすい。

触ったときの感触が心地よい綿を布でくるんでも楽しい。

ぶーぶーぶー　　　　　　　　　わらべうた

ぶー ぶー ぶー　たしかに きこえる ぶたのこ え

経験してほしいこと・育つ力

- 注視する力や追視する力
- 腕を使う
- 手を伸ばして触ってみようとする意欲

参考資料　保育所保育指針の関連内容

「第2章　保育の内容」
1　乳児保育に関わるねらい及び内容
イ　身近な人と気持ちが通じ合う
② 体の動きや表情、発声、喃語等を優しく受け止めてもらい、保育士等とのやり取りを楽しむ。
ウ　身近なものと関わり感性が育つ
① 身近な生活用具、玩具や絵本などが用意された中で、身の回りのものに対する興味や好奇心をもつ。

発達の目安　**0歳前半頃**
- 首が据わる。
- 手がモミジ状に開く。
- 首が据わると動く物を目で追いかける。（追視）

にぎにぎあそび

おもちゃを握ることが、手指を刺激します。物とかかわる最初の一歩です。

あそび
偶然手にふれた物や、保育者に持たせてもらった物を握って、身体の正面に持ってきていじったり、口に入れてなめたりしてあそびます。

かかわりのポイント

- まだ自分から物を見つけて握ることはしないので、子どもの手のひらにおもちゃを入れます。握りやすい大きさで感触のよい物を用意しましょう。また、必ず口に持っていくので、衛生面には十分注意します。
- 子どもの様子に応じて、言葉をかけたり、あやしたりして、気持ちを通わせるかかわり（情動的交流）が重要です。

経験してほしいこと・育つ力
- 身体の正面で両手を交差する
- 見たり、触ったりして物にふれる
- 保育者にあやしてもらう心地よさを感じる

参考資料　保育所保育指針の関連内容

「第2章　保育の内容」
1　乳児保育に関わるねらい及び内容
イ　身近な人と気持ちが通じ合う
① 子どもからの働きかけを踏まえた、応答的な触れ合いや言葉がけによって、欲求が満たされ、安定感をもって過ごす。
ウ　身近なものと関わり感性が育つ
① 身近な生活用具、玩具や絵本などが用意された中で、身の回りのものに対する興味や好奇心をもつ。

微細運動 3

発達の目安　0歳前半頃
- 首が据わる。
- 手がモミジ状に開く。
- 持っているおもちゃを引っ張られると引き戻そうとする。

ぎゅっと握って

「握る」力を意識し、手指全体を使うあそびです。

あそび
タオル地のリングや動物の人形などを5本の指と、手のひらでぎゅっと握り、保育者と引っ張りっこを楽しみます。また、市販の卵形のマラカスのような音が鳴るおもちゃを握って、手を動かすと音がすることに気づき、確かめるように繰り返しあそびます。

かかわりのポイント
- 引っ張りっこは、子どもが握っているおもちゃを軽く引っ張ってみて、子どもが引き戻すようなら繰り返してみます。嫌がっていないか、子どもの表情を見ながらあそびましょう。
- 握ったおもちゃが音の出ることに気づいたタイミングをとらえて、「シャンシャンだね」など、言葉を添えていくと、確認するように繰り返すでしょう。状況が許す限り、子どもが満足するまで相手をしましょう。

シャンシャンだね

経験してほしいこと・育つ力
- 手指全体を使う
- 周囲の物に興味をもつ
- 保育者にあやしてもらう心地よさを感じる

参考資料　保育所保育指針の関連内容

「第2章　保育の内容」
1　乳児保育に関わるねらい及び内容
イ　身近な人と気持ちが通じ合う
② 体の動きや表情、発声、喃語等を優しく受け止めてもらい、保育士等とのやり取りを楽しむ。
ウ　身近なものと関わり感性が育つ
④ 玩具や身の回りのものを、つまむ、つかむ、たたく、引っ張るなど、手や指を使って遊ぶ。

微細運動 **04**

発達の目安 **0歳前半頃**
- あおむけからうつぶせへの寝返りをする。
- 手を伸ばして身体のそばにある物をつかもうとする。(目と手の協応の始まり)
- 「あー」「うー」などの喃語が出始め、活発になっていく。

パペットでこんにちは

寝返りをするようになった子どもの、目と手の協応を高めるあそびです。

あそび
腹ばいで過ごしているとき、保育者が操るパペットに興味を示して、触ろうと手を伸ばしたり、つかんで感触を楽しんだりします。

パペットは軍手人形や指人形など、あまり大きくない物がオススメ。

かかわりのポイント
- 必ず子どもの正面から働きかけます。目を合わせ、言葉をかけながらパペットを動かして、興味を引き出しましょう。
- 腹ばい姿勢が長く続かなかったり、つらそうにしている様子が見られたりしたら、折り畳んだバスタオルなどを胸の下に敷いて、腹ばい姿勢をサポートします。上体が安定します。
- 動物、乗り物、食べ物の写真や絵本もオススメです。布絵本なども喜びます。

経験してほしいこと・育つ力
- 目と手の協応
- 腹ばいでのあそびを楽しむ
- 保育者にあそんでもらうことを楽しむ

参考資料 保育所保育指針の関連内容

「第2章 保育の内容」
1 乳児保育に関わるねらい及び内容
ア 健やかに伸び伸びと育つ
② 一人一人の発育に応じて、はう、立つ、歩くなど、十分に体を動かす。
イ 身近な人と気持ちが通じ合う
② 体の動きや表情、発声、喃語等を優しく受け止めてもらい、保育士等とのやり取りを楽しむ。
ウ 身近なものと関わり感性が育つ
① 身近な生活用具、玩具や絵本などが用意された中で、身の回りのものに対する興味や好奇心をもつ。

微細運動 5

発達の目安　**0歳前半頃**
- あおむけからうつぶせへの寝返りをする。
- 手を伸ばして身体のそばにある物をつかもうとする。（目と手の協応の始まり）
- 「あー」「うー」などの喃語が出はじめ、活発になっていく。

リーチング・チャレンジ

物への興味が増してきた子どもの思いを後押しし、リーチング（手を伸ばして身体のそばにある物をつかむ）を促すあそびです。

あそび　腹ばいになり、目の前の興味をひく物に手を伸ばして触ろうとします。

かかわりのポイント
- 最初は、子どもの目の前で、ボールを転がしたり、音が鳴るおもちゃを鳴らしたりして誘いますが、徐々に手を伸ばして触ってみようと思えるように、少し子どもから離れた所におもちゃを置いて働きかけます。
- ゆったりと時間をとって、子どもが主体的に手を伸ばして触ろうとする姿を見守りましょう。

経験してほしいこと・育つ力
- 目と手の協応
- 興味のある物に自分から手を伸ばす

参考資料　保育所保育指針の関連内容

「第2章　保育の内容」
1　乳児保育に関わるねらい及び内容
ア　健やかに伸び伸びと育つ
②　一人一人の発育に応じて、はう、立つ、歩くなど、十分に体を動かす。
イ　身近な人と気持ちが通じ合う
②　体の動きや表情、発声、喃語等を優しく受け止めてもらい、保育士等とのやり取りを楽しむ。
ウ　身近なものと関わり感性が育つ
①　身近な生活用具、玩具や絵本などが用意された中で、身の回りのものに対する興味や好奇心をもつ。

微細運動	6

発達の目安　**0歳前半頃**

●左右どちらにも寝返りをするようになる。
●手を伸ばして身体のそばにある物をつかもうとする。（目と手の協応の始まり）
●「あー」「うー」などの喃語(なんご)が出始め、活発になっていく。

引っ張るあそび

腹ばい姿勢で手が届く位置におもちゃを取り付け、あそびに誘います。

 あそび　腹ばい姿勢で手を伸ばし、おもちゃを握って引っ張ってあそびます。取り付けるおもちゃは市販の物でOK。ゴムひもをくくり付けただけでも、ゴムひもの伸び縮みを繰り返し楽しみます。

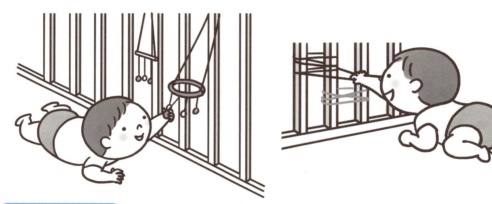

かかわりのポイント

●握っていた物を意図して放すことはまだ少なく、偶然手から離れたり、放してしまったりします。ひもでおもちゃをつないだり、ぶら下げたりして、壁面に取り付けることで、おもちゃを触ったり、握ったりするあそびを繰り返し楽しむことができます。安全面を考慮して、取りつける場所には配慮しましょう。

経験してほしいこと・育つ力
●目と手の協応
●手指を使っての探索意欲
●腹ばいでのあそびを楽しむ

参考資料　保育所保育指針の関連内容

「第2章　保育の内容」
1　乳児保育に関わるねらい及び内容
ア　健やかに伸び伸びと育つ
② 一人一人の発育に応じて、はう、立つ、歩くなど、十分に体を動かす。
ウ　身近なものと関わり感性が育つ
④ 玩具や身の回りのものを、つまむ、つかむ、たたく、引っ張るなど、手や指を使って遊ぶ。

微細運動 7

発達の目安 ●0歳後半頃
- 徐々に一人で座るようになる。（支えのいらない一人でのお座り）
- 右手から左手へ、あるいは左手から右手へ、どちらからも自由に持ち替える。（左右の手の協応）

マラカスあそび

座位が安定してくると、両手を使うあそびが活発になってきます。

あそび
市販の卵形のマラカスや、小さめの飲料用ペットボトルを活用した手作りのマラカスを持ち、動かして音を楽しみます。

かかわりのポイント
- 手にした物を口元に持っていくので、衛生面に気をつけましょう。
- 保育者も同じようにマラカスを持って、『おもちゃのチャチャチャ』（作詞／野坂昭如　補詞／吉岡 治　作曲／越部信義）などの歌に合わせて鳴らして、楽しい雰囲気を作ります。

飲料用ペットボトルは縦に2本つなぐと持ちやすい。

経験してほしいこと・育つ力
- 手に持った物を自ら動かして変化を楽しむ
- 両手を使うあそびを楽しむ

 参考資料 保育所保育指針の関連内容

「第2章　保育の内容」
1　乳児保育に関わるねらい及び内容
ア　健やかに伸び伸びと育つ
② 一人一人の発育に応じて、はう、立つ、歩くなど、十分に体を動かす。
イ　身近な人と気持ちが通じ合う
③ 生活や遊びの中で、自分の身近な人の存在に気付き、親しみの気持ちを表す。
ウ　身近なものと関わり感性が育つ
② 生活や遊びの中で様々なものに触れ、音、形、色、手触りなどに気付き、感覚の働きを豊かにする。

微細運動 8

発達の目安　**0歳後半頃**
●徐々に一人で座るようになる。（支えのいらない一人でのお座り）
●手のひら全体で物をつかもうとする。
●小さい物を手指全体でかき寄せてつかもうとする。（熊手状把握）

つかんで　つまんで

面ファスナーを使ったおもちゃで、つかんだりつまんだりしてあそびます。

あそび A 面ファスナー（硬いほう）を付けたフェルトの果物や乗り物をつかみ、トイクロス（面ファスナーの硬い面が付く布）からはがしてあそびます。

あそび B 面ファスナー（柔らかいほう）を付けたフェルトの果物や乗り物を親指とほかの4本の指でつまんで取ります。

- トイクロスA色で段ボール板をくるむ。
- トイクロスA色に木の形に切ったB色を縫い付ける。

フェルトの小物は、中に綿を詰めておく。

このときのフェルトの小物は綿を詰めない。また台紙もトイクロスではなく、面ファスナーの硬いほうを縫い付けた布を使う。

かかわりのポイント

●取ることを楽しみ、付けることはまだしません。「つかむ」から「つまむ」へステップを踏みながら、手指を使う楽しさを感じられるように配慮しましょう。台紙も、簡単に取れるトイクロスから始め、意欲をはぐくみます。

経験してほしいこと・育つ力
●つかむ力
●指先でつまむ力
●手指の操作を楽しむ

参考資料　保育所保育指針の関連内容

「第2章　保育の内容」
1　乳児保育に関わるねらい及び内容
ア　健やかに伸び伸びと育つ
② 一人一人の発育に応じて、はう、立つ、歩くなど、十分に体を動かす。
ウ　身近なものと関わり感性が育つ
④ 玩具や身の回りのものを、つまむ、つかむ、たたく、引っ張るなど、手や指を使って遊ぶ。

微細運動 9

発達の目安 0歳後半頃
- さくなどにつかまりながら立ったり、座ったりする。（つかまり立ち）
- 小さな物を親指と人差し指でつまむ。
- 大人が指さした方向に視線を動かす。（共同注視）

ビーズコースターやウォールポケットで

興味のある物は触って、つかんで、引っ張ってと、一人で集中してあそびます。

あそび
ビーズコースターのワイヤーに通してあるビーズをつまんで動かしたり、ウォールポケットに入っているおもちゃを引っ張り出したりしてあそびます。

かかわりのポイント
- ビーズコースターは、ワイヤーが複雑に曲がっているので、片手でビーズを動かしていくと限界があり、自然と両手を使いはじめます。あそぶ様子をそばで見守り、子どもと目が合ったときに「よかったねー」など、子どものうれしい気持ちに共感する言葉をかけましょう。
- ウォールポケットには、パペットや布、ブロックなど、いろいろな感触、形状のおもちゃを入れておきましょう。

経験してほしいこと・育つ力
- 目と手を協応させながら、両手を使ってあそぶ
- 親指と人差し指、中指の三指でつまむ

参考資料 保育所保育指針の関連内容

「第2章　保育の内容」
1　乳児保育に関わるねらい及び内容
ア　健やかに伸び伸びと育つ
② 一人一人の発育に応じて、はう、立つ、歩くなど、十分に体を動かす。
ウ　身近なものと関わり感性が育つ
④ 玩具や身の回りのものを、つまむ、つかむ、たたく、引っ張るなど、手や指を使って遊ぶ。

微細運動 **10**

発達の目安　**0歳後半頃**
- 徐々に一人で座るようになる。（支えのいらない一人でのお座り）
- 両手に持った物を打ち合わせる。
- 「いやいや」「おててパチパチ」などのしぐさをまねる。

両手でパチパチ

身体の正面で両手を合わせることを楽しむあそびは、道具を使うための基礎となります。

あそび　「上手、上手」と手をたたく保育者のまねをして両手を打ち合わせたり、両手に持った積み木を打ち合わせたりしてあそびます。

かかわりのポイント

- 子どもは、身体の正面で打ち合わせます。保育者も正面で行うことを意識しましょう。
- 保育者との楽しいやり取りが、手の操作運動を刺激します。両手を打ち合わすときは、「おてて、パチパチ」、おもちゃを打ち合わすときは「カチカチ、カチカチ」など、擬音を添えたり、子どもと一緒にやってみたりして、かかわりを工夫しましょう。

経験してほしいこと・育つ力
- 左右の手の協応
- 目と手の協応
- 保育者と楽しい気持ちをやり取りする

参考資料　保育所保育指針の関連内容

「第2章　保育の内容」
1　乳児保育に関わるねらい及び内容
イ　身近な人と気持ちが通じ合う
③ 生活や遊びの中で、自分の身近な人の存在に気付き、親しみの気持ちを表す。
ウ　身近なものと関わり感性が育つ
④ 玩具や身の回りのものを、つまむ、つかむ、たたく、引っ張るなど、手や指を使って遊ぶ。

微細運動 11

発達の目安 ○0歳後半頃
- 物を出したり、入れたりする。
- 身近な大人に抱かれているとき、興味のある物を手や指で指し示す。(志向の手さし・指さし)
- 喃語が活発になる。

出したり 入れたり

手にした物をつかんで放す動きを楽しむあそびです。いろいろな素材で楽しみます。

あそび A 箱に入ったお手玉をつかんで出したり、箱の中に入れたりしてあそびます。

あそび B たくさんのお手玉やチェーンリングを、ミルク缶や空き箱だけではなく、洗面器やバケツなどいろいろな大きさの容器に入れてあそびます。

かかわりのポイント
- いろいろな形や大きさ、重さ、感触のお手玉を用意してみましょう。
- 子どもの操作に合わせて、「ギュー、パッ」と言葉をかけて、繰り返しやってみようとする意欲をはぐくみます。

経験してほしいこと・育つ力
- つかむ、放す、入れるといった手指のさまざまな操作
- 目と手の協応
- 集中してあそぶ力

参考資料 保育所保育指針の関連内容

「第2章 保育の内容」
1 乳児保育に関わるねらい及び内容
イ 身近な人と気持ちが通じ合う
⑤ 温かく、受容的な関わりを通じて、自分を肯定する気持ちが芽生える。
ウ 身近なものと関わり感性が育つ
④ 玩具や身の回りのものを、つまむ、つかむ、たたく、引っ張るなど、手や指を使って遊ぶ。

微細運動 12

発達の目安 0歳後半頃
- さくなどにつかまりながら立ったり、座ったりする。(つかまり立ち)
- 物を出したり、入れたりする。
- 身近な大人に抱かれているとき、興味のある物を手や指で指し示す。(志向の手さし・指さし)

ぽっとん落とし

物を落とすあそびを通して、子どもたちはいろいろなことを発見していきます。

あそび
布をかぶせたミルクの空き缶（ふたは外しておく）に、ホース（長さ6cm程度）やお手玉、ペットボトルのふたなどを落としてあそびます。缶なので、落としたときの音に気づいて繰り返し確かめたり、自分で容器を振って鳴らしてみたりして楽しみます。

かかわりのポイント
- 何度やっても、握っていた物を離すと同じように落ちることに気づいて繰り返す子や、音を楽しむ子など、一人一人楽しみ方は違います。子どもの発見に共感してかかわっていきましょう。
- 誤飲を防ぐために、ペットボトルのキャップは4個以上重ねた長さにします。

経験してほしいこと・育つ力
- 目と手の協応
- 物への興味や関心
- 一人あそびを楽しむ

参考資料 保育所保育指針の関連内容

「第2章 保育の内容」
1 乳児保育に関わるねらい及び内容
イ 身近な人と気持ちが通じ合う
⑤ 温かく、受容的な関わりを通じて、自分を肯定する気持ちが芽生える。
ウ 身近なものと関わり感性が育つ
④ 玩具や身の回りのものを、つまむ、つかむ、たたく、引っ張るなど、手や指を使って遊ぶ。

微細運動 **13**

発達の目安 **1歳前半頃**
- 一人で歩く。(ハイガード歩行→ミドルガード歩行)
- 手を左右に動かしたり、上下に動かしたりして描く。
- 一語文を話す。

描画あそび

クレヨンやフェルトペンを握って腕を動かしたら跡が残るというおもしろさに出会うあそびです。

あそび 腕を大きく左右に動かしたり、トントンとペン先を紙に打ちつけたりして、跡が残る様子を楽しみます。

かかわりのポイント
- クレヨンやフェルトペンなどの描画材は、しっかりと力を入れて持てるよう、太めの握りやすい物を用意しましょう。
- 空いている手で紙を押さえることがまだ難しい時期です。紙の四隅をセロハンテープで固定したり、保育者が紙を押さえたりして、紙が動かないようにします。1歳後半を過ぎると空いている手で紙を押さえ、ぐるぐる丸をたくさん描くようになります。

経験してほしいこと・育つ力
- クレヨンやフェルトペンをしっかり握る力
- 腕や手首をコントロールする力
- 紙に跡が残るおもしろさを感じる

参考資料 保育所保育指針の関連内容

「第2章 保育の内容」
2 1歳以上3歳未満児の保育に関わるねらい及び内容
ウ 環境
② 玩具、絵本、遊具などに興味をもち、それらを使った遊びを楽しむ。
オ 表現
③ 生活の中で様々な音、形、色、手触り、動き、味、香りなどに気付いたり、感じたりして楽しむ。

微細運動	14	発達の目安　1歳前半頃

- 一人で歩く。（ハイガード歩行→ミドルガード歩行）
- 積み木をつむ。
- 眠るふりをしたり、空のコップで飲むまねをしたりして、「つもり」行動が表れる。

積んで並べて

構成あそびの最初の一歩になるあそびです。
5本の指をしっかり開き、手全体を使ってあそびます。

あそび
紙パックの少し重めの積み木や、使用後の空のティッシュボックスで作った軽めの積み木を、並べたり、両手で持って重ねたりしてあそびます。また、紙コップを重ねては倒すあそびを繰り返し楽しみます。

かかわりのポイント
- 車のおもちゃを並べるあそびも大好きです。つもりあそびが表れはじめる時期なので、子どものあそびに応じて、保育者も一緒にあそび、楽しさが続くように工夫しましょう。
- 重ねるあそびよりも、倒すあそびを喜びます。繰り返しあそぶ中で、重ねる、積む操作への関心を高めましょう。

ティッシュボックスを活用する場合は、箱全体を布で覆わずに、取り出し口だけは開けたままにしておくと、持ちやすい。

紙パックの中に新聞紙や畳んだ紙パックを詰めて立方体に。

経験してほしいこと・育つ力
- 目と手の協応
- 立体物を積み上げる
- 一人あそびを楽しむ

参考資料 保育所保育指針の関連内容

「第2章　保育の内容」
2　1歳以上3歳未満児の保育に関わるねらい及び内容
イ　人間関係
② 保育士等の受容的・応答的な関わりの中で、欲求を適切に満たし、安定感をもって過ごす。
ウ　環境
② 玩具、絵本、遊具などに興味をもち、それらを使った遊びを楽しむ。

微細運動 15

発達の目安 1歳前半頃
- 両手を下ろして歩く。(ローガード歩行)
- つまんだ物を小さな穴に入れる。
- 簡単な指示がわかる。

穴落とし

目と手の協応が高まってきた子どもたちが大好きなあそびです。

あそび
5㎝くらいの長さに切ったストローを指先でつまみ、空き箱にかかれた動物の顔の口の部分に入れます。大きく開いた動物の口に落とすことから始めて、うまく落とせるようになったら、ペットボトルの口に入れることに挑戦します。

かかわりのポイント
- 箱にかく動物の顔は、絵本や写真などでなじみのあるイヌやネコ、ゾウなどにして親しみを感じられるようにしましょう。ストローを動物のえさに見立て、子どもの手の動きに合わせて言葉をかけます。
- ストローだけではなく、円形のチップやホースを短く切った物など、いろいろな大きさ、形状の穴落としを楽しめるように用意してみましょう。その際には、誤飲につながるサイズの物がないか確認しましょう。

経験してほしいこと・育つ力
- 左右の手の協応
- 目と手の協応
- 見立てあそびを楽しむ
- 一人あそびを満足するまで楽しむ

参考資料 保育所保育指針の関連内容

「第2章　保育の内容」
2　1歳以上3歳未満児の保育に関わるねらい及び内容
イ　人間関係
② 保育士等の受容的・応答的な関わりの中で、欲求を適切に満たし、安定感をもって過ごす。
ウ　環境
② 玩具、絵本、遊具などに興味をもち、それらを使った遊びを楽しむ。
オ　表現
⑤ 保育士等からの話や、生活や遊びの中での出来事を通して、イメージを豊かにする。

微細運動 16

発達の目安 1歳後半頃
- 立ったり、しゃがんだりする。
- びんのふたを開ける。
- 自分の名前を呼ばれると、返事をする。

ビリビリ新聞紙

定番の新聞紙あそびは、指先の動きから五感を刺激するあそびです。

あそび
新聞紙を破いたり、丸めたりしてあそびます。新聞紙が破れる感触や音を楽しみましょう。
破いた新聞紙はたくさん集めて、ビニールプールなどに入れ、泳ぐまねをしてあそびます。

かかわりのポイント
- 子どもの様子に応じて、保育者が新聞紙を片側から引っ張ったり、少し切れ目を入れたりして、破く楽しさを感じられるように配慮します。
- 新聞紙が破れる音を楽しんでいるときは、「ビリビリッていったね」「今度は、どんな音がするかな？」などと声をかけ、楽しさに共感したり、期待をもってあそべるように働きかけたりします。

経験してほしいこと・育つ力
- 左右の手の協応
- 目と手の協応
- 新聞紙の感触や音を楽しむ

参考資料 保育所保育指針の関連内容

「第2章　保育の内容」
2　1歳以上3歳未満児の保育に関わるねらい及び内容
ウ　環境
① 安全で活動しやすい環境での探索活動等を通して、見る、聞く、触れる、嗅ぐ、味わうなどの感覚の働きを豊かにする。
オ　表現
① 水、砂、土、紙、粘土など様々な素材に触れて楽しむ。

微細運動 17

発達の目安　**1歳後半頃**
- 両足はそろわないが、15cm程度の高さから跳び下りる。
- びんのふたを開ける。
- 簡単な質問に答える。

回してOpen！

手首をひねって、ふたを開けるあそびは、なんだかわくわくします。

あそび　手首をひねって、ふたを開け、中に入っている物を出します。

かかわりのポイント
- 子どもの様子に応じて、手首の使い方や手の動きを知らせます。「クルクルするよ」など、擬態語を使うと伝わりやすく、楽しいです。
- 閉めることはまだ難しいので、保育者がふたを閉めて、繰り返し楽しめるようにします。
- ふたを開けることが楽しくなる手作りおもちゃもおすすめのアイディアです。

なんの絵が出てくるか、わくわくしながらふたを開けます。

① 旅行用化粧クリーム入れ（透明のプラスチックケース／直径5cmくらい）の内径に合わせて切った色画用紙を容器の底とふたの内側にはる。
② それぞれに果物や乗り物など、同じ絵をはる。
③ ケースの内側にも色画用紙を入れる。

経験してほしいこと・育つ力
- 手首をひねる操作
- 目と手の協応
- 右手と左手の協応
- 達成感や意欲

参考資料　保育所保育指針の関連内容

「第2章　保育の内容」
2　1歳以上3歳未満児の保育に関わるねらい及び内容
イ　人間関係
② 保育士等の受容的・応答的な関わりの中で、欲求を適切に満たし、安定感をもって過ごす。
ウ　環境
② 玩具、絵本、遊具などに興味をもち、それらを使った遊びを楽しむ。

微細運動 18

発達の目安　1歳後半頃
●すべり台を前向きに滑る。
●コップや皿に入れた物を別の容器に移し替える。
●道具の用途がわかり、使おうとする。

すくってあそぼ

スプーンやフォークを使いはじめた子どもたちは、あそびでも道具を使うことに興味津々です。

あそび
お手玉やチェーンリング、小さいボールをレンゲですくって食べるまねをしたり、ほかの入れ物に移し替えたりして繰り返しあそびます。

かかわりのポイント
● 砂あそびやままごとで、すくって入れるあそびを楽しめるよう、子どもの「つもり」にこたえてやり取りしましょう。
● うまくいかないようでも、子どものやってみたい気持ちを大事にして、すぐに手を出さずに見守って、挑戦できるようにします。
● あそびで道具を使って楽しむ経験が、スプーンを使って一人で食べる姿につながっていきます。

わあ　おいしそうだね

経験してほしいこと・育つ力
● 手首を返す操作を繰り返す
● 目と手の協応
● 見立ててあそぶ楽しさを感じる

参考資料　保育所保育指針の関連内容

「第2章　保育の内容」
2　1歳以上3歳未満児の保育に関わるねらい及び内容
ウ　環境
② 玩具、絵本、遊具などに興味をもち、それらを使った遊びを楽しむ。
エ　言葉
⑤ 保育士等とごっこ遊びをする中で、言葉のやり取りを楽しむ。
オ　表現
⑤ 保育士等からの話や、生活や遊びの中での出来事を通して、イメージを豊かにする。

手指の運動発達は、姿勢や社会性、「ことば」にもつながる

手指の動きは手指だけの話ではない

　人間の運動発達には、体幹から末端へという法則があります。つまり、おなかと背中という胴体（体幹）がしっかりしてくることによって、末端である腕や指先の機能の発達へとつながっていきます。ですから、指先の機能の発達をみる際には、その前提として、体幹がどのようになっているのかをみる必要があります。わかりやすい例を挙げてみましょう。

「両手を自由に使える」ことの意味

　人間は、体幹がしっかりしてくることによって、「支えのいらない一人でのお座り」ができるようになります。そして、この座位の獲得が、両手が自由になることを意味しています。おもちゃを持ったり、持ち替えたり、さらに両手に持った物を打ち合わせたりすることで、目と手の協応が高まり、腕や指先（上肢）の活動も活発化していきます。さらに、この「支えのいらない一人でのお座り」ができることは、人と対面してかかわれることも意味しています。

「つまみ」から指さしへ

　生後10か月頃には、親指とほかの指が対向し、操作も握りから、つまみへと分化していきます。そして、この「つまみ」が、物を指さす動き（指さし）に発展し、やがて「話しことば」の獲得へとつながっていくのです。

微細運動 **19**

発達の目安 **2歳代**
● 転ばないで歩く。
● 胸の前のボタンを一人で外したり、はめたりする。
● 「これ、なあに？」とよく質問する。

洗濯ばさみのあそび

洗濯ばさみは、手指の力を使うあそびにぴったりの素材です。

あそび
動物の顔をかいた厚紙や空き箱の周囲に留めてある洗濯ばさみを外したり、また、留めたりしてあそびます。

Step1
厚紙に留めてある洗濯ばさみを外します。

かかわりのポイント
● 子どもの様子に応じて、手を添えて一緒にやってみるなど、個人差や発達に応じてかかわります。
● 動物の顔をライオンに見立て、洗濯ばさみでたてがみを作ったり、ウサギに見立てて耳のつもりで留めたり、いろいろなあそび方を楽しみましょう。

Step2
洗濯ばさみを両手で開き、厚紙や空き箱の周囲に留めます。

経験してほしいこと・育つ力
● 目と手の協応
● 手指の握る力
● 「できた」という達成感

参考資料　保育所保育指針の関連内容
「第2章　保育の内容」
2　1歳以上3歳未満児の保育に関わるねらい及び内容
イ　人間関係
② 保育士等の受容的・応答的な関わりの中で、欲求を適切に満たし、安定感をもって過ごす。
ウ　環境
② 玩具、絵本、遊具などに興味をもち、それらを使った遊びを楽しむ。

微細運動 **20**

発達の目安 **2歳代**
- 転ばないで歩く。
- 胸の前のボタンを一人で外したり、はめたりする。
- 「○○してから〜する」と、見通しをもった行動をとるようになる。

ひも通し

左右の手の協応が高まってくる過程で、子どもたちが集中して取り組むあそびの一つです。

あそび
片方の手にひもを持ち、もう片方に短く切った紙しんやホースを持って通していきます。また、穴がたくさん開いた厚紙や、もち焼きに使うような金網の網の目にひもを通してあそびます。

かかわりのポイント
- 最初は、興味をもった子どもと一緒にあそびながら、言葉をかけたり、手を添えたりして、通し方を伝えていくようにします。達成感が得られるように、トイレットペーパーの紙しんのように、大きめの輪を用意しましょう。
- ひもの先にセロハンテープを巻いて通しやすくし、通したひもが抜けないように短めに切ったストローやホースを結びつけます。
- 穴が開いた厚紙や、金網であそぶのは、2歳代後半です。段階を追ってあそべるように環境を整えます。

経験してほしいこと・育つ力
- 左右の手の協応
- 目と手の協応
- 「できた」という達成感

参考資料 保育所保育指針の関連内容

「第2章 保育の内容」
2　1歳以上3歳未満児の保育に関わるねらい及び内容
ウ　環境
② 玩具、絵本、遊具などに興味をもち、それらを使った遊びを楽しむ。
エ　言葉
⑦ 保育士等や友達の言葉や話に興味や関心をもって、聞いたり、話したりする。

21 微細運動

発達の目安 2歳代
- 走る。
- 粘土をねじったり、引っ張ったりする。
- 粘土や積み木などをほかの物に見立てる。
- 「おいしい」「きれい」などの形容詞を使って表現する。

ぎゅっぎゅっぺったんこ

粘土あそびは、ちぎる、握る、押す、たたく、つまむなど、
さまざまな指先の運動を体験できるあそびです。

あそび 小麦粉粘土を触ったり、抱えたり、つまんだり、ちぎったりして、感触を楽しみます。
＊小麦アレルギーのある子がいないことを確認してからあそびます。
小麦粉粘土の代わりとして、軽量紙粘土も扱いやすい粘土素材です。

手のひらを使ってあそぶ

指先を使ってあそぶ

参考資料　保育所保育指針の関連内容

「第2章　保育の内容」
2　1歳以上3歳未満児の保育に関わるねらい及び内容
イ 人間関係
② 保育士等の受容的・応答的な関わりの中で、欲求を適切に満たし、安定感をもって過ごす。
ウ 環境
③ 身の回りの物に触れる中で、形、色、大きさ、量などの物の性質や仕組みに気付く。
オ 表現
① 水、砂、土、紙、粘土など様々な素材に触れて楽しむ。

抱えて重さを感じる	感触を確かめる

小麦粉粘土の作り方

材料　・小麦粉＝3カップ　・水＝1カップ
　　　・食塩＝1/4カップ　・サラダ油＝少量

作り方　＊小麦粉粘土は腐りやすいので、使う分だけを作る。

①  水と食塩を混ぜる。

②  小麦粉に少しずつ①の食塩水を加え、こねていく。

③ 耳たぶくらいの固さになったら、手のひらにサラダ油を付け、さらにこねる。

かかわりのポイント

- 子どもがまねしたくなるような楽しい雰囲気を作りながら、保育者も一緒にあそびましょう。
- 握る動きができるように、手のひらで握れるほどの粘土を用意する一方、重さを感じるようなかたまりも用意します。
- 大きなひとかたまりを持つ姿に「ズッシリして重いね」「大きいね」と声をかけたり、ちぎる姿に「小さくなったね」と言葉を添えたりして、量、重さ、大きさを感じられるようにします。
- 「冷たくて気持ちがいいね」「ぷにぷにして柔らかいね」「固いね」と、子どもの動作に言葉を添えて共感します。

経験してほしいこと・育つ力

- 手指を使ってのさまざまな動き
- 小麦粉粘土の感触を楽しむ
- 量や重さ、大きさを感じる

微細運動 22

発達の目安 **2歳代**
- ボディーイメージが高まり、身体の動きをコントロールしようとする。
- はさみを使って紙を切る。
- 粘土や積み木などをほかの物に見立てる。

はさみでクッキングあそび

はさみの1回切りを楽しむあそびです。

あそび 画用紙にかかれた、1回切りで切り落とせる細さのニンジンやキュウリ、ネギ、サンマの絵を、切り落として、料理ごっこを楽しみます。

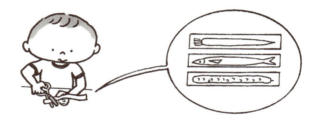

チーズやサラミ、ピーマンに見立てた色画用紙の短冊を切り落とし、画用紙や段ボール板で作った円形のピザ台に載せてあそびます。

両面テープ

のりで付けるのも楽しい。

かかわりのポイント
- 少人数のグループで活動を行い、まずは保育者がはさみを使って見せます。ひじが上がっているとはさみの刃が寝てしまうので、上がらないように後ろからひじをそっと押さえて使い方のコツを知らせていきます。

経験してほしいこと・育つ力
- 目と手の協応
- はさみの使い方を知る
- はさみで切る楽しさを感じる
- つもりあそびを保育者や友達と楽しむ

参考資料 保育所保育指針の関連内容

「第2章 保育の内容」
2 1歳以上3歳未満児の保育に関わるねらい及び内容
イ 人間関係
⑥ 生活や遊びの中で、年長児や保育士等の真似をしたり、ごっこ遊びを楽しんだりする。
ウ 環境
② 玩具、絵本、遊具などに興味をもち、それらを使った遊びを楽しむ。
オ 表現
① 水、砂、土、紙、粘土など様々な素材に触れて楽しむ。

23 微細運動

発達の目安 **3歳代**
● 両足で連続して跳ぶ。　● はしを使いはじめる。
● 新しくできるようになったことは、どこまでも自分でしようとする。
● おしゃべりが盛んになる。

粘土あそび

道具を使う粘土あそびです。軽量紙粘土などが使いやすいです。

あそび
粘土用のへらやカッターを使って、筋を付けたり、伸ばしたり、小さく分けたりしてあそびます。
道具を使って粘土あそびを楽しむことを通して、道具の用途や特性を知っていきます。

かかわりのポイント
● 1人ずつ、扱いやすい量に分けて渡します。
● 道具類は多めに用意し、使いたい道具を自由に選べる環境を整えます。
● いろいろな物に見立てる子どもの姿に応じて、言葉をかけたり、ほかの道具を提案したり、子ども同士のやり取りを仲立ちしたりして、あそびの広がりを援助しましょう。
● 個人差がありますが、徐々に利き手が定まってくる時期であることを意識してかかわります。

経験してほしいこと・育つ力
● 左右の手の協応
● 道具を使うことへの興味や関心
● 見立てたり、つもりになったりしてあそぶことを楽しむ

参考資料 保育所保育指針の関連内容
「第2章　保育の内容」
2　1歳以上3歳未満児の保育に関わるねらい及び内容
イ　人間関係
④ 保育士等の仲立ちにより、他の子どもとの関わり方を少しずつ身につける。
ウ　環境
② 玩具、絵本、遊具などに興味をもち、それらを使った遊びを楽しむ。
オ　表現
① 水、砂、土、紙、粘土など様々な素材に触れて楽しむ。

微細運動 24

発達の目安 **3歳代**
●相手の動きや空間に合わせて、身体の動きを制御する。
●左右の手を交互に閉じたり開いたりする。　●はさみの連続切りをする。
●上下、前後がわかる。　●イメージしたことや感じたことを言葉で伝える。

積み木をつむ

積み木を巧みに積み上げるあそびでは、手指の操作性や安定した姿勢、集中力など、さまざまな機能が関連しています。

あそび A
両手を使って積み木を高く積んでいきます。安定した姿勢を保ちながら、積み木が倒れないように押さえながら、積み上げることに集中します。

あそび B
板状の積み木の特徴を理解し、縦に使ったり、横に使ったりして、積み上げていきます。

かかわりのポイント
● 1、2歳の頃から積み木に親しみ、積み木の性質を理解していることが前提となるあそびです。そのうえで、保育者や高月齢児がすることを見ながらまねていきます。ときには、自分のイメージ通りにいかなくて、葛藤する姿を見せることがあるので、子どもの気持ちを受け止めながら、その子なりの達成感を味わえるようにかかわりましょう。

経験してほしいこと・育つ力
●目と手の協応
●手指を巧みに細かく使う
●集中力
●「できた」という達成感

参考資料 保育所保育指針の関連内容
「第2章　保育の内容」
2　1歳以上3歳未満児の保育に関わるねらい及び内容
イ 人間関係
② 保育士等の受容的・応答的な関わりの中で、欲求を適切に満たし、安定感をもって過ごす。
ウ 環境
② 玩具、絵本、遊具などに興味をもち、それらを使った遊びを楽しむ。

25 微細運動

発達の目安 3歳代
- 相手の動きや空間に合わせて、身体の動きを制御する。
- 利き手がほぼ定まってくる。
- 簡単なルールを理解してあそぶ。

シールあそび

指先に力を集めて楽しむ3歳後半向きのシールあそびです。

あそび A

書類ケースの内側にはった長さ2〜3cmくらいの色とりどりのカラービニールテープをはがしたり、はったりしてあそびます。ファスナー付きの書類ケースを使うと、ファスナーの開け閉めも楽しめます。

あそび B

缶のふたや、プラスチック製のトレイにはったカラービニールテープをはがしてあそびます。あそびAの書類ケースよりもぴったり付いて粘着力が強いので、簡単にははがれませんが、指先の力が強くなり、手指の動きが巧みになってきたら、挑戦！　はがしては、はり直すあそびを黙々と楽しみます。

かかわりのポイント

- 子どもの様子によっては、ビニールテープの角を少し折っておき、はがしやすいように援助します。
- 集中してあそべるように、落ち着いた環境を整えます。
- うまくはがせたときの子どもの気持ちに共感する言葉をかけるなどして、少し難しいことに挑戦する意欲をはぐくみましょう。

経験してほしいこと・育つ力
- 巧緻性（こうち）
- 集中力
- 達成感

参考資料　保育所保育指針の関連内容

「第2章　保育の内容」
2　1歳以上3歳未満児の保育に関わるねらい及び内容
イ　人間関係
② 保育士等の受容的・応答的な関わりの中で、欲求を適切に満たし、安定感をもって過ごす。
ウ　環境
③ 身の回りの物に触れる中で、形、色、大きさ、量などの物の性質や仕組みに気付く。

おわりに

　本書は、多くの人の支えによって誕生しました。

　6年前のある日、研究室の電話が鳴り、「学研からでている乳児期の子どもの雑誌に、保育実践に対するコメントをしてもらえないか」という突然の依頼が舞い込んできました。

　しかしながら、電話でのやり取りの最中にもかかわらず、わたしの頭の中はこの依頼をどのように断ろうかという理由を探して迷走していました。「〜ができるようになるために、どのようにすればいいというような、いわゆるハウツウだけのものはあまりやりたくないので」と何度も断ったのですが、「いやいや決してそういうものではないので」と、かなりしつこい感じです。結局、一度会って話をしたうえで断るなら断ってもいいということになり、すぐさま東京から二人の編集者が大学に訪ねてきました。

　会って話をしてみると、「これまでにない、理論を背景にしたきちんとしたものにしたい」という編集の意図が強く伝わってきました。わたしのほうも、「運動」と「認識」と「ことば」の発達は、「それぞれがバラバラに発達していくのではなく、それぞれが相互に影響しあいながら発達していくのです」という、

これまでなかなかわかってもらえなかった話をうなずきながら聞いてくれるお二人に気分をよくしていました。

　結局、とりあえず1年間やってみましょうということになり、連載がスタートしました。その後、かかわりのある保育園の実践をベースにしての毎月のコメントの執筆に苦労しながらも、気がつくと6年の歳月が過ぎていました。

　そして今回、6年間の内容を再編集し、1冊の本にまとめましょうというありがたいお話をいただき、身も心も引き締められる思いでした。

　この場を借りて、保育実践を提供してくださった各保育園の保育者と子どもたちに深く感謝の意を表します。

　最後になりましたが、このような機会を与えてくださった学研、ならびに6年前の電話の主のお二人である、ほいくりえいとの中村美也子さん、リボングラスの若尾さや子さんに心からお礼申し上げます。お二人がいなければ、この本が誕生することはありませんでした。

2018年2月　　　　　　　　　　　　　　　　　　山本秀人

profile

山本 秀人（やまもと ひでと）

1954年生まれ。中京大学大学院体育学研究科修士課程修了。現在、日本福祉大学子ども発達学部教授。各地での保育者や保護者を対象にした講演のほか、園現場での多彩な保育実践をベースにした運動あそびに関する著書を多数執筆。

主な著書
『みんなが輝く体育①　幼児期　運動あそびの進め方』（分担執筆／創文企画　2009年）
『0〜5歳児のたのしい運動あそび』（編著／いかだ社　2010年）
『新版　障がい者スポーツ指導教本 初級・中級』（分担執筆／ぎょうせい　2016年）

staff

- 表紙・カバーデザイン・イラスト／長谷川由美
- 本文デザイン／長谷川由美　千葉匠子
- イラスト／石崎伸子　いとうみき　小早川真澄　鹿渡いづみ　菅谷暁美　タカタカヲリ
- 楽譜／石川ゆかり
- 企画・編集／ほいくりえいと（中村美也子　後藤知恵）
　　　　　　　リボングラス（若尾さや子　吉田真奈）
- 校閲／草樹社